河南省社会科学规划决策咨询项目（2021JC49）
国家重点研发计划（2020YFC2006100）

城乡居民基本养老保险制度可持续发展研究

高 荣／著

中国广播影视出版社

图书在版编目（CIP）数据

城乡居民基本养老保险制度可持续发展研究 ／ 高荣著． — 北京：中国广播影视出版社，2021.12
ISBN 978-7-5043-8719-6

Ⅰ．①城… Ⅱ．①高… Ⅲ．①养老保险制度-可持续性发展-研究-中国 Ⅳ．①F842.67

中国版本图书馆CIP数据核字(2021)第244119号

城乡居民基本养老保险制度可持续发展研究
高　荣　著

责任编辑	许珊珊
责任校对	张　哲
封面设计	贝壳学术

出版发行	中国广播影视出版社
电　　话	010-86093580　010-86093583
社　　址	北京市西城区真武庙二条9号
邮　　编	100045
网　　址	www.crtp.com.cn
电子信箱	crtp8@sina.com

| 经　　销 | 全国各地新华书店 |
| 印　　刷 | 天津和萱印刷有限公司 |

开　　本	710毫米×1000毫米　1/16
字　　数	65（千）字
印　　张	6
版　　次	2021年12月第1版　2021年12月第1次印刷

| 书　　号 | ISBN 978-7-5043-8719-6 |
| 定　　价 | 25.00元 |

（版权所有　翻印必究·印装有误　负责调换）

前 言

在我国人口老龄化的背景下，城乡居民基本养老保险制度的建立，标志着千百年来传统的家庭养老模式向政府主导的社会化养老模式转变，打破城乡二元化界限，由城镇局部向城乡一体化转变。本着"保基本、广覆盖、可持续、易衔接"的原则，城乡居民基本养老保险制度为那些游离于城乡养老保障的边缘的弱势群体谋福祉，提供基本的生活保障，形成全体居民共享经济社会发展成果内在机制的重要载体，也是实现好、维护好、发展好广大居民切身利益的有效途径，对于缩小城乡差距、促进社会公平、维护社会稳定具有重要的现实意义。

本书共分为6个章节。第1章是绪论，主要内容包括界定城乡居民基本养老保险制度的相关概念、论文研究的背景及意义、相关文献综述、研究思路和内容、理论依据和研究方法以及创新点。

第2章是我国城乡居民基本养老保险制度的历史演变及主要模式，对其历史演变和主要模式进行总结并对比分析。

第3章是郑州市城乡居民基本养老保险制度的实证研究。为了准确地把握城乡居民基本养老保险制度的发展状况，本书设计出问卷并选取郑州市高新区作为调查地点开展问卷调查，共发放300份问卷并运用SPSS软件进行分析。在基于郑州市实证调查的基础之上，分析目前郑州市城乡居民基本养老保险制度的发展现状，其中包括郑州市城乡居民基本养老保险制度在发展中所取得的成绩以及所存在的问题。

第4章是影响城乡居民基本养老保险制度可持续发展的障碍性因素，主要包括经济障碍、观念障碍、体制障碍、人口障碍、公民权利体系障碍。

第5章是实现城乡居民基本养老保险制度可持续发展的建议，从价值体系建设、法制建设、政府责任建设、制度建设、管理体系建设五个方面，不断推动我国城乡居民基本养老保险制度的可持续发展。

第6章是结论，总结本书的基本结论及对未来研究的展望。

在本书的写作过程中，参考和吸收了国内外学界同仁的诸多观点，在此谨表谢忱。由于时间和水平有限，本书难免有不妥之处，恳请广大读者批评指正！

高 荣

2021年7月于郑州航空工业管理学院

目 录

第1章 绪论 ··· 1

    1.1 相关概念界定 ··· 1

    1.2 研究背景及意义 ··· 4

    1.3 相关文献综述 ··· 6

    1.4 研究思路和内容 ·· 10

    1.5 理论依据与方法 ·· 12

    1.6 研究的创新点 ·· 15

第2章 我国城乡居民基本养老保险制度的历史演变及主要模式 ·· 16

    2.1 我国城乡居民基本养老保险制度的历史演变 ······ 16

    2.2 试点地区的主要模式及对比分析 ···················· 18

第3章 郑州市城乡居民基本养老保险制度的实证研究 … 26

  3.1 调查情况介绍 …………………………………… 26

  3.2 郑州市城乡居民基本养老保险制度的发展
    现状分析 ………………………………………… 31

  3.3 小结 ……………………………………………… 54

第4章 影响城乡居民基本养老保险制度可持续发展的障碍性因素 …………………………………………… 55

  4.1 经济障碍 ………………………………………… 55

  4.2 观念障碍 ………………………………………… 56

  4.3 体制障碍 ………………………………………… 58

  4.4 人口障碍 ………………………………………… 59

  4.5 公民权利体系障碍 ……………………………… 60

第5章 实现城乡居民基本养老保险制度可持续发展的建议 ……………………………………………………… 62

  5.1 价值体系建设 …………………………………… 63

  5.2 法制建设 ………………………………………… 65

  5.3 政府责任建设 …………………………………… 66

5.4 制度建设 …………………………………………… 69

5.5 管理体系建设 ……………………………………… 71

第6章 结论 …………………………………… 76

参考文献 ……………………………………… 79

附录 郑州市城乡居民基本养老保险调查问卷 …………… 83

第1章
绪 论

1.1 相关概念界定

1.1.1 城乡居民基本养老保险制度

在国内外的相关文献中，城乡居民基本养老保险制度的概念并没有明确的界定和统一的标准。本书将城乡居民基本养老保险制度界定为国家和社会根据一定的法律和法规，对年满16周岁（不含在校学生），不符合参加机关事业单位养老保险、城镇企业职工基本养老保险及农民基本养老保险条件或是未参加以上制度的城乡居民提供基本生活保障而建立的一种养老保险制度。

主要内容包括：

第一，主体。是由国家和社会制定相关的法律和法规来建立该项制度。

第二，客体。其实为覆盖人群，主要是年满16周岁（不含在校学生），不符合参加机关事业单位养老保险、城镇企业职工基本养老保险及农民基本养老保险或是未参加以上制度的城乡居民。图1-1说明中国特色基本养老保险制度所覆盖人群。

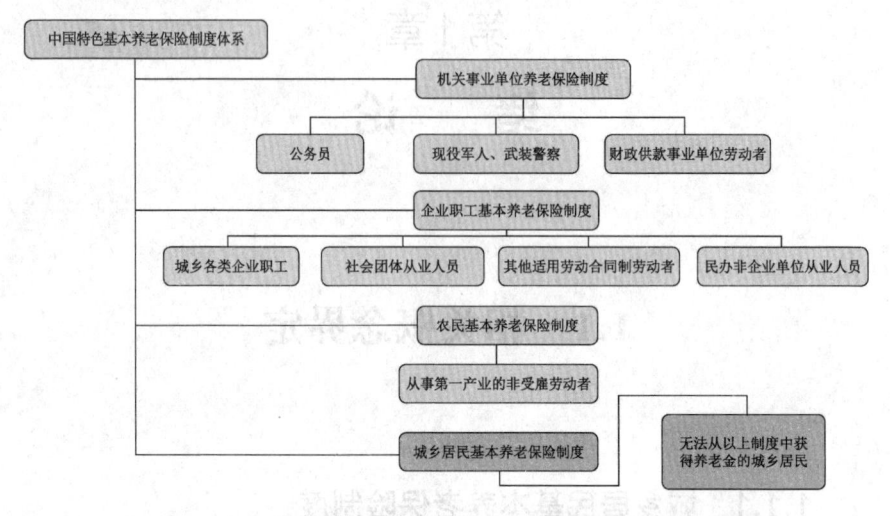

图1-1 中国特色基本养老保险制度体系覆盖人群分布图

第三，手段。城乡居民可以根据不同的缴费标准进行投保，同时政府会给予一定的补贴，但是对参保居民提供的只是一种基本的生活保障。

1.1.2 可持续发展

在1972年斯德哥尔摩举行的联合国人类环境研讨会上正式提出可持续发展（Sustainable development）的概念。从此以后，各国致力界定"可持续发展"的含意，其中，被我们所熟知的概念，是在1987年由世界环境及发展委员会所发表的布伦特兰报告书中所提出的：可持续发展是既满足当代人的需求，又不对后代人满足其需求的能力构成危害的发展。由于可持续发展涉及自然、环境、社会、经济、科技、政治等诸多方面，因此，研究者也因所站的角度不同对可持续发展的含义有了更深层次的延伸。综合而言，可持续发展就是建立在社会、经济、人口、资源、环境相互协调和共同发展基础上的综合性发展，其宗旨是既要考虑当前发展的需要，又要考虑未来发展的需要，不能以牺牲后代人的利益为代价来满足当代人的利益。

1.1.3 城乡居民基本养老保险制度可持续发展的概念

城乡居民基本养老保险制度的概念有广义和狭义之分。广义上来说，可持续发展的城乡居民基本养老保险制度，就是不仅能保证当代人的福利增加，而且不会使后代人的福利减少。一是既要解决当前已达到退休年龄的城乡居民的养老问题，又要考虑下一代在未来的养老问题，要兼顾好两者的关系，不能"寅吃卯粮"；二是养老金的筹集与发放要兼顾养老金的支付能力，不能靠牺牲养老金的未来支付能力来满足即期支付能力。

由于城乡居民基本养老保险制度是一项涵盖面较广的社会经济制度，涉及经济、社会、人口等政策。因此本书是从狭义的角度来界定城乡居民基本养老保险制度可持续发展的概念，就是要在现行建立的城乡居民基本养老保险制度的基础上，以可持续为基本特征，形成促进城乡居民基本养老保险制度不断发展的一套政策、方法和制度体系，不断完善这项制度并推动它的可持续发展，其目标是保证该制度持久的发展能力和永续的发展状态。

1.2 研究背景及意义

养老是每个人都需要面对的问题，养老保险作为社会保险中最重要的险种，在保障人们老年生活中发挥着重要的作用，也往往决定着一个国家社会保障体系建设的成败。在进入21世纪后，我国人口老龄化进程明显加快，《中国人口老龄化发展趋势预测研究报告》中指出，2010年至2040年将是我国人口老龄化速度最快的时期，到2050年我国老年人口将超过4亿，老龄化水平将达到30%以上。[①] 在"白发浪潮"冲击的背景下，虽然我国的养老保险事业取得了长足的发展，但是由于我国长期以来实行城乡户籍制度和非均衡发展战略，使得社会养老保险制度呈现出典型的二元结构特征。这种城乡分离的社会养老保险制度不仅造成了包括务农农民、失地农民、进城务工农民以及城镇无固定工作人群等在内的弱势群体游离于城乡养老保障的边缘，而且还造成了城乡居民之间在养老保险待遇方面差距过大等一系列问题。目前，我国已到了城乡统筹发展的战略转轨时期，因此建立和完善城乡居民养老保险制度势在必行。

"老有所养"是千百年来中华民族追寻"大同社会"的梦想。随着社会经济日新月异的发展，民生问题日益成为国家关注

---

① 郑功成：《中国社会保障改革与发展战略——理念、目标与行动方案》，人民出版社，2008，第120页。

的重点，2008年以来，全国各地探索"全民养老"的报道不断出现。城乡居民基本养老保险制度先后在北京、郑州、嘉兴、宁波、成都等地开展试点工作并取得了一定的成绩。城乡居民基本养老保险制度的建立，打破了过去养老保险按城镇和农村分类的两线格局，填补了养老保障制度的空白。由于我国历史和现实的原因，经济呈现出非均衡的发展态势，东西部地区差异较大、城乡间差异较大，相对于城镇职工养老保险改革进度而言，时至今日，城乡居民养老保险制度尚在初步阶段，目前也仅是在全国几个地方开展试点工作。城乡居民基本养老保险制度是一项社会经济制度，涵盖面广，涉及社会、经济、人口等多方面因素。从横向看，发展城乡居民基本养老保险事业不但要完善自身建设，还要兼顾经济和社会的可持续发展，符合经济社会的发展状况。从纵向看，还要兼顾与其他养老保险制度的衔接问题，不能"特立独行"。因此，应该建立起一种能够真正实现"保基本、广覆盖、可持续、易衔接"，努力使全体居民共享社会发展的成果，切实落实维护社会稳定的城乡居民基本养老保险制度，而这种养老保险制度应该是一种可持续发展的养老保险制度。因此，城乡居民基本养老保险的可持续发展问题是更值得我们去关注的。

郑州是河南省省会，地处中华腹地，九州通衢，北临黄河，西依嵩山。全市总面积7446.2平方公里，人口735.6万人，现辖6区5市1县，是河南省政治、经济、教育、科研、文化中心。2008年7月1日，郑州市宣布启动"城乡居民基本养老保险"试点工作，在全国属于较早开展城乡居民基本养老保险制度的试点地区。它的建立标志着千百年来传统的家庭养老模式向政府主导的社会化养老模式转变，率先勇于打破城乡二元化界限，可以视为我国目前较为完善的第三块养老保险制度，在全国具有示范性、前瞻性、可行性，也具有推广价值。[①] 正是如此，本书的主要目的在于立足人口老龄化和城乡二元化的时代背景下，基于郑州市建立城乡居民基本养老保险制度的基础上，开展实证调查，了解目前郑州市城乡居民基本养老保险制度的发展现状，从城乡居民基本养老保险的制度层面来研究其可持续发展的问题，分析影响城乡居民基本养老保险制度可持续发展的障碍性因素，理清思路，归纳出问题的症结所在，最后从价值体系建设、法制建设、政府责任建设、制度建设、管理体系建设五个方面提出建议来完善该制度，从而实现它的可持续发展，同时也期望对于构建一个在理论层面上得以完善，操作层面上便于管理、可操作性强和实用性强的可持续发展的城乡居民基本养老保险制度。

1.3 相关文献综述

西方发达国家经过一百多年的社会养老保险的实践，形成了

[①] 杜超：《中央党校专家青连斌盛赞郑州市城乡居民基本养老保险——"郑州模式"领先12年,具有全国推广价值》，《河南日报》2009年5月15日第011版。

较为完善的制度体系，同时他们的社会养老保险制度也基本实现了城乡一体化的"全民养老"。对于这些国家来讲，并没有真正意义上的城乡居民基本养老保险制度，城乡养老保险问题往往被纳入整个社会养老保险体系中进行研究。本书从目前研究现状出发，主要是收集当前关于我国城乡居民基本养老保险制度的相关文献。但是，国内有关养老保险制度的研究，多是从城乡二元结构的现状出发，对城镇和农村社会养老保险进行两条线分开研究，因此目前国内关于城乡居民基本养老保险制度研究的专著很少，涉及城乡居民基本养老保险制度可持续发展方向的研究几乎没有，本书可以说是填补了这一领域的空白。

目前国内学者关于城乡居民基本养老保险制度的发展方向和制度建设方面的研究对本书具有一定的参考价值，许多学者也在自己的研究领域中提出了自己的观点。一是从制度层面上：如房连泉（2008）在《全民养老的目标与现实》中认为，当务之急是中央政府出台统一的对策，从制度模式、管理机制和待遇标准等方面统一规划，确定实现"全民养老"的日程方案。[①] 纪晓岚、唐雯涓等人（2008）在《中国新型养老保险制度设计与对策研究》中认为，如何对现行养老保险模式进行制度再造，加快建立覆盖城乡居民的养老保险机制，探索一个既能满足当前所需，又能适应将来经济社会发展的新型养老保险制度体系,成为当前社会保

---

① 房连泉：《全民养老的目标与现实》，《中国保险报》2008年8月13日第002版。

障研究的一个重要课题。①曹信邦（2006）在《城乡养老社会保险制度一体化障碍性因素分析》中认为，城乡养老社会保险制度一体化就是要打破城乡二元保障分割体系，无论是居住在城镇还是居住在农村的人都能够被覆盖在养老社会保险制度范围内，享有养老社会保险的权利，实现城乡经济社会和谐发展。②武建新（2009）在《我国实行城乡一体化养老保险制度的可行性分析》中认为，要实现全国城乡养老保险一体化，必须加强法制建设，建立统一的《全国城乡养老保险法》，通过法律的约束力，保证城乡养老保障制度的顺利执行，这是实现城乡养老保险制度改革的依据。③岳宗福（2008）在《城乡养老保险一体化的制度设计与路径选择》中认为，城乡养老保险的一体化应该从建立全国统一基本养老保险体系的角度考虑农民、进城务工人员和市民的养老保险问题，必须解决养老资金的便携性问题、养老关系的接续性问题以及养老资金产权的明晰性问题。④封铁英（2008）在《城乡社会养老保险政策地区差异评析》中认为，通过对中央相关政策的发展历程分析及城乡社会养老保险政策的地区差异比较，实现城乡养老社会保险制度一体化必须加快构建农村养老社会保险

---

① 纪晓岚、唐雯涓、陈璐、刘畅：《中国新型养老保险制度设计与对策研究》，《中国社会保障制度建设30年：回顾与前瞻学术研讨会论文集》，2008。
② 曹信邦：《城乡养老社会保险制度一体化障碍性因素分析》，《理论探讨》2006年第5期。
③ 武建新：《我国实行城乡一体化养老保险制度的可行性分析》，《消费导刊》2009年第18期。
④ 岳宗福：《城乡养老保险一体化的制度设计与路径选择》，《山东工商学院学报》2009年第3期。

体系，加大政府财政转移支付的力度。①

二是从试点地区经验上：夏育文（2009）在《郑州探路城乡一体化养老》中认为，进一步完善制度和政策，加大工作力度，促进更多中青年参保；进一步落实城乡居民基本养老保险制度的财政责任，积极探索养老保险基金保值增值途径。②崔力夫（2009）在《统筹城乡养老保险制度的考察报告》中认为，城镇居民基本养老保险坚持低水平起步，政府可从"入口"和"出口"对参保缴费和待遇发放进行补助，适当提高保障水平，以促进城镇居民参保。③何子英、郁建兴（2010）在《城乡居民社会养老保险体系建设中的政府责任》中认为，地方经验往往能提供重要借鉴，浙江省德清县城乡居民社会养老保险体系建设成效显著，其中破除城乡二元结构、强化政府责任、合理划分政府间职责是其基本经验。④

三是从其他相关层面上：林毓铭（2005）在《社会保障可持续发展论纲中》对可持续发展的养老保险、医疗保险、失业保险等进行了分析，构建了养老保险可持续发展评估体系，提出规避制度风险的具体措施。⑤

---

① 封铁英、刘芳、段兴民：《城乡社会养老保险政策地区差异评析》，《中国人力资源开发》2008年第4期。
② 夏育文：《郑州探路城乡一体化养老》，《中国社会保障》2009年第9期。
③ 崔力夫：《统筹城乡养老保险制度的考察报告》，《劳动保障世界》2009年第5期。
④ 何子英、郁建兴：《城乡居民社会养老保险体系建设中的政府责任——基于浙江省德清县的研究》，《浙江社会科学》2010年第3期。
⑤ 林毓铭：《社会保障可持续发展论纲》，华龄出版社，2005，第12页。

总的来说，虽然这几年城乡居民基本养老保险制度的研究已经引起了学术界的重视，但是相关领域中仍有一些值得进一步补充或深究的问题。一是，研究方法：目前多是定性方面的研究，缺少必要的客观定量的研究，并且大多数学者基本是沿着现状、困境、成因、对策的路线在走，这样的定性描述缺乏强有力的数据说明。二是，相对企业职工养老保险来说，目前研究中已有大量成熟有效的对策与建议，而关于城乡居民基本养老保险制度的文献与相对成熟的理论却很少，在城乡居民基本养老保险制度的可持续发展问题上存在空白。三是，在养老保险可持续发展研究中，主要从解决资金支付压力这个角度来进行，缺乏对养老保险制度可持续发展综合系统的研究。因此，本书通过对郑州市城乡居民基本养老保险制度的实证调查，以完善制度层面为切入点，从而提出有针对性的策略，以弥补当前研究中的不足。

1.4 研究思路和内容

本书在我国面临人口老龄化和城乡二元化的背景下，为了实现"老有所养"的目标，从社会保障的学科视角出发，以实证主义方法论为指导，在我国城乡居民基本养老保险制度试点工作步入正常轨道的时候，以郑州市为例，开展实证调查，在实证研究的基础之上，从城乡居民基本养老保险的制度层面来研究其可持续发展的问题，分析影响城乡居民基本养老保险制度可持续发展的障碍性因素，理清思路，归纳出问题的症结所在，提出建议来完善该制度，从而实现其可持续发展。本书具体内容如下：

第1章　绪论。其主要内容包括界定城乡居民基本养老保险制度的相关概念、论文研究的背景及意义、相关文献综述、研究思路和内容、理论依据和研究方法以及创新点。

第2章　我国城乡居民基本养老保险制度的历史演变及主要模式。主要介绍我国城乡居民基本养老保险制度的历史演变，总结我国试点地区的主要模式并进行对比分析。

第3章　郑州市城乡居民基本养老保险制度的实证研究。为了准确地把握城乡居民基本养老保险制度的发展状况，本书设计出问卷并选取郑州市高新区作为调查地点开展问卷调查，共发放300份问卷并运用SPSS软件进行分析。在基于郑州市实证调查的基础之上，分析目前郑州市城乡居民基本养老保险制度的发展现状，其中包括郑州市城乡居民基本养老保险制度在发展中所取得的成绩以及所存在的问题。

第4章　影响城乡居民基本养老保险制度可持续发展的障碍性因素。主要包括经济障碍、观念障碍、体制障碍、人口障碍、公民权利体系障碍。

第5章　实现城乡居民基本养老保险制度可持续发展的建议。本章主要从价值体系建设、法制建设、政府责任建设、制度建设、管理体系建设五个方面不断推动和完善城乡居民基本养老保险制度，实现它的可持续发展。

第6章　结论。主要是总结本书的研究成果并分析研究的不足之处以及对未来研究的展望。

1.5　理论依据与方法

1.5.1　理论依据

1. 马歇尔的公民权利理论

马歇尔按照社会发展历史将公民权利划分为三种：民事权利（civil right）、政治权利（political right）和社会权利（social right）。社会权利是以成员资格为基础，它把改善所有社会的福利状况、保护并增加人们在教育和社会服务等方面的福利看作是国家行动的目标，也就是说，作为公民应当享有社会保障的权利。马歇尔从历史的角度对公民权利的论述，揭示了公民权利的社会福利观追求普遍平等和人的自由的实质和价值。从这个理论中，我们可以获得更多关于我国社会权利发展和诉求的启示，这也是城乡居民基本养老保险制度可持续发展的一个重要理论基础。

2. 马克思、恩格斯的城乡融合理论

19世纪中期，马克思、恩格斯运用辩证唯物主义方法论，正视在资本主义条件下城乡关系的尖锐对立,分析城乡分离和对立的必然性,提出消灭城乡对立是一个历史过程、城乡关系最终将由分离和对立演变为重新融合与统一的状态等相关理论。他们认为,设想未来的社会并不是一种固化的城乡分裂,城乡融合才是未来社会的重要特征,是城乡在新的基础上平衡、协调的发展,实现城乡的融合。目前城乡二元结构是我国现实需要解决的问题,我们可以结合马克思、恩格斯的城乡融合理论,推动城乡协调发展,真正实现城乡一体化,这也同时促进城乡居民基本养老保险制度的可持续发展。

3. 贝弗里奇的福利计划

贝弗里奇于1942年发表《社会保险及相关服务》,即著名的"贝弗里奇报告"。"贝弗里奇报告"所揭示的福利理念及所勾画的福利国家蓝图,为现代社会保障的发展奠定了理论基础。它提出的全面和普遍性原则认为社会保险的缴费和给付对于每一个人都应该是平等的,社会保险体现的是国家对每一个国民的责任,作为国民有权获得国家的平等照顾以满足人们的基本需求。在报告中所设计的国民补贴主要是用来满足那些没有被包括在社会保险之中的国民需求,它与申请者是否缴纳保费无关,而是随着个人需求及政府财政情况的变化而变化。[①]城乡居民基本养老保险制度本着"保基本、广覆盖、可持续、易衔接"原则以及采取一种"个人缴费为主,经济组织适当补助,政府给予补贴"的形

---

① 钱宁:《现代社会福利思想》,高等教育出版社,2006,第174页。

式，与贝弗里奇的福利计划中的一些观点有异曲同工之处，我们可以从中获得启示，指引城乡居民基本养老保险制度的发展方向。

1.5.2 研究方法

1. 文献研究法

本书在写作的过程中参考了大量的文献资料，主要包括：一是国内外著名社会保障专家和学者的论著以及在知网上刊载的有关城乡居民基本养老保险制度方面的资料；二是国家统计局、劳动和社会保障部、民政部等编辑的官方数据和文献资料；三是关于试点地区城乡居民基本养老保险制度的相关办法条例以及新闻资料。

2. 比较分析法

虽然城乡居民基本养老保险制度在我国开展时间较短，尚不成熟，但是本书通过对试点地区形成的主要模式进行对比分析，为我国城乡居民基本养老保险制度可持续发展研究提供有益的借鉴经验。

3. 实证分析法

城乡居民基本养老保险制度可持续发展所面临的问题和障碍性因素必须进行实证分析，从中得出的解决途径才具有可检验性。因此，笔者针对城乡居民基本养老保险制度可持续发展方面收集大量的实证资料进行分析，重点采用了郑州市城乡居民基本养老保险制度的相关资料并在郑州市高新区开展问卷调查，运用

SPSS统计分析软件进行分析，准确把握郑州市城乡居民基本养老保险制度的发展现状。在问卷调查的过程中，对典型个案进行结构式访谈，保留录音资料并整理成个案。

1.6 研究的创新点

本书的创新点主要有以下两点：

第一，由于城乡居民基本养老保险制度在2008年才开始在我国一些地区建立，国内外学者在这方面的研究成果较少，更是缺乏关于城乡居民基本养老保险制度可持续发展的深入分析和研究，本书填补了这一研究领域的空白。

第二，本书从制度建设研究的层面出发，提出实现城乡居民基本养老保险制度可持续发展三步走发展战略，具有一定的创新性。

第 2 章
我国城乡居民基本养老保险制度的历史演变及主要模式

一项制度的建立和发展,不是在白纸上写字,也不是推倒现行制度而完全重新规划,它往往是在现行制度的基础上,通过弥补制度的缺失和深化改革,经过几十年甚至几百年的演变,实现这一制度定型、稳定与可持续发展。当然,城乡居民养老保险制度的发展也不例外。本章主要是介绍我国城乡居民基本养老保险制度的历史演变以及总结试点地区的主要模式并对其进行对比分析。

2.1 我国城乡居民基本养老保险制度的历史演变

城乡居民基本养老保险制度并不是从一开始就存在的,它起源于我国农民社会养老保险制度。该制度经过了几十年的不断发展和改善,总的来说,它是一种基于农村社会养老保险制度上的演变。从表2-1中，我们可以清楚地了解该制度的历史演变。

表2-1 城乡居民基本养老保险制度的历史演变

发展阶段	发展状况
萌芽期	我国从1986年开始探索农村社会养老保险，1991年1月，国务院推出《农村社会养老保险基本方案》，同年2月，民政部制定了《县级农村社会养老保险基本方案》。随着这一方案的下发，标志着社会养老保险制度在农村正式建立。
发展期	1995年10月19日，国务院批转了民政部《关于进一步做好农村社会养老保险工作意见》，肯定了农村群众温饱问题已经基本解决，并开始建立农村社会养老保险体系的重要措施。从此，农村养老保险工作进入稳步发展阶段。
成熟期	1998年底，全国共有31个省、自治区、直辖市的2123个县和65%的乡镇开展了农村社会养老保险工作，参加人数达到8025万人，积累资金166.2亿元，这也是农村社会养老保险参保人数最多的时期。
衰退期	1999年7月，《国务院批转整顿保险业工作小组〈保险业整顿与改革方案〉的通知》提出，目前我国尚不具备普遍开展农保工作的条件，对已经开展的农保业务，要进行清理整顿，有条件的可以逐步过渡为商业保险。从1999年开始，全国大部分地区出现了参保人数下降、农民停止续保等现象，作为一项统一制度的农村养老保险不复存在，只有部分经济发达地区仍然在开展工作。
复苏期	2002年党的十六大召开以后，我国在北京、上海等大城市郊区和东部沿海发达地区等有条件的地区逐步探索建立新型农村社会养老保险制度，加大了政府的财政支持，并且在待遇调整、个人账户功能等方面进行了创新。
创新期	2008年以来，我国的城乡居民养老保险制度先后在北京、宁波、嘉兴、成都、郑州等地开展试点工作，同时也取得了一定的成绩。这标志着我国养老保险制度打破了过去养老保险按城镇和农村分类的两线格局，使得游离在我国养老保险覆盖边缘的人群也能够享受到"老有所养"，从而填补了养老保障制度的空白。
开展期	2010年，北京、郑州各试点地区纷纷正式颁布城乡居民基本养老保险制度的办法和实施条例，这标志着我国城乡居民基本养老保险制度的正式建立。这项制度目前还不健全，面临如何提高现行制度保障水平和覆盖面的问题，而且财税政策的完善、基金的投资管理、经办管理、信息管理系统的设计与建设等不少领域也有待进一步探索和实践。

2.2 试点地区的主要模式及对比分析

由于各地的经济发展水平不同，试点地区所建立的城乡居民基本养老保险制度也略有不同。在这些试点地区中，最具典型代表的三个模式是"郑州模式""嘉兴模式""北京模式"，本书主要介绍这三个主要模式并对其进行对比分析。

2.2.1 总结试点地区的主要模式

1. 郑州模式

河南省郑州市从2008年7月4日颁布《郑州市城乡居民基本养老保险试行办法》，在26个乡镇开始实施试点工作。郑州市城乡居民基本养老保险制度突破了国内300多个城市现有的模式，具有一定创新性。由于制度设计合理，参保覆盖速度之快、范围之广令人赞叹，得到了国内专家的认可和赞扬，这一模式也称为"郑州模式"。[①] "郑州模式"主要有以下几个特点：

第一，制度一体化。郑州市城乡居民基本养老保险避免了像国内其他城市分化养老保险制度，使得新型农民养老保险、农民工养老保险、城镇居民养老保险制度不再呈"碎片式"发展，保

[①] 杜超：《中央党校专家青连斌盛赞郑州市城乡居民基本养老保险——"郑州模式"领先12年，具有全国推广价值》，《河南日报》2009年5月15日第011版。

证居民在养老保险制度面前人人平等。

第二，缴费档次和方式灵活。"郑州模式"不但将缴费档次分为10个档次——分别为每年100元、200元、300元、400元、500元、700元、900元、1000元、1200元、1500元，参保人可以根据自己的经济情况，选择适合的缴费档次，而且还采取缓缴、预缴、补缴等多种灵活方式，减轻了城乡居民的集中缴费负担。

第三，普惠性。采取以政府为主导普惠制的政府养老津贴与70岁以上老人享受高龄老人基本生活补助的政策，充分显示出公共财政的公平性。

第四，以人为本。"郑州模式"还专门对参保人亡故后从统筹基金中支付1000元丧葬费，充分体现以人为本，这也是郑州市城乡居民基本养老保险制度的独特之处。

从上述分析来看，"郑州模式"确实超前，具有一定的独创性，而且郑州作为中部地区城市能做到的，沿海发达地区和其他中部地区的城市，甚至西部地区加上国家财政转移支付的投入也应该能做到，说明将城乡居民基本养老保险进行全国推广是可行的。

2. 北京模式

从2009年1月1日起，北京市正式建立城乡居民基本养老保险制度。北京市城乡居民基本养老保险制度创新，为我国全面建设创新型的覆盖城乡居民的养老保障制度提供了一个成功的示范案例。该模式突出"五统一"的特点[①]：

---

① 代丽丽：《城乡居民养老保险实现五统一》，《北京日报》2009年1月6日第005版。

第一,参保制度统一化。"北京模式"解决了一部分劳动年龄内无固定收入的大龄城镇居民的参保问题,保证在养老保险制度上没有遗漏人群,真正实现城乡居民全覆盖。该模式规定凡是具有北京市户籍,男性年满16周岁未满60周岁、女性年满16周岁未满55周岁(不含在校学生),未纳入行政事业单位编制管理或不符合参加企业职工基本养老保险条件的城乡居民均可以参加城乡居民基本养老保险。

第二,缴费标准统一化。该模式采取按年缴费的方式,最低缴费标准为农村居民上半年人均纯收入的9%,最高缴费标准为城镇居民上半年可支配收入的30%。城乡居民可在缴费的下线和上线之间选择,既考虑到参保人的缴费能力,也考虑到与企业职工基本养老保险的衔接。

第三,保险待遇统一化。城乡居民尽同样的义务,享受同样的待遇。全市基础养老金统一标准,为每人每月280元。

第四,基金管理统一化。城乡居民基本养老保险基金纳入区(县)财政专户,由区(县)财政部门、劳动保障部门进行管理,专款专用。

第五,接续转移统一化。正式出台统一的接续衔接办法,保证城乡居民基本养老保险与新型农村养老保险制度、企业职工基本养老保险间可以转移和接续。

3. 嘉兴模式

嘉兴城乡融合一直走在全国的前列,2007年10月嘉兴市正式颁布《嘉兴市城乡居民社会养老保险暂行办法》，开始城乡居民基本养老保险试点工作。"嘉兴模式"是基于城乡居民全覆盖目标的新型农村养老保险制度的基础上建立的，其推进的度量标准在于"保基本"；推进的统筹方法是"分层次"；推进的基本技巧是"有差别"；推进的目标是"广覆盖"；推进的终极目的是"可持续"。① "嘉兴模式"在制度设计方面体现了一定的创新性：

首先，在筹资上有三大重要创新：一是设定了个人缴费的上下限；二是缴费基数的确定与最低生活保障相联系也更体现了制度的科学性与合理性；三是进一步明确了各级政府在城乡居民基本养老保险制度中的责任，从嘉兴市国民经济发展的实际出发，对不同年龄段的居民进行按比例的相应补贴，将财政补贴的普惠性与公平性融于一体。

其次，从缴费环节上来看，城乡居民基本养老保险在参保人群、范围上都有一定突破，首次将城镇中无能力参加城镇职工养老保险的弱势群体纳入该制度中来，对建立覆盖城乡居民养老保险的动态机制起到了积极作用。

再次，从领取环节上来看，城乡居民基本养老保险制度在领取期和领取计发利率的政策办法上打破了现行农保制度，更具有可操作性。该办法试行按实际操作中的个人账户积累额的百分比计发，并按略高于银行同期利率计息，将农保制度中政府8.8%的利率计发养老保险待遇的"暗补"转变为"明补"，并大大减轻

---

① 米红、杨翠迎：《嘉兴城乡居民养老保险的制度创新》，《中国社会保障》2008年第1期。

了政府背负的隐性支付债务。

最后，从基金角度来看，城乡居民基本养老保险制度在积累模式上实行了大账户小统筹的模式，统筹基金独立于个人账户基金运营以外，只用于待遇调整机制，既在制度创新上开了先河，又充分体现了与时俱进的先进性。

"嘉兴模式"在遵循"广覆盖、分层次、有差别、可持续"的原则下，在制度上不断创新，并在实践中证明具有可操作性和可行性，这为实现我国城乡居民基本养老保险制度的可持续发展奠定了基础。

2.2.2 主要模式的对比分析

1. 覆盖人群、缴费标准、养老金待遇对比分析

从表2-2中看出，对这三个主要模式的覆盖人群、缴费标准、养老金待遇进行比较，总体来说，在覆盖人群上，三者有共同之处，都是保障年满16周岁以上没有纳入养老保险制度中的人群。由于这三个地区经济发展水平不同，在缴费标准和养老金待遇方面有区别，相对来说，北京的待遇要高于郑州和嘉兴，但是它缴纳的比例也要高于郑州和嘉兴。本书认为郑州市的缴费标准更具多样性，门槛低，可以保证更多低收入、无工作人群有能力参保。

表2-2　主要模式的覆盖人群、缴费标准、养老金待遇对比

城市	覆盖人群	缴费标准	养老金待遇
郑州	凡是具有郑州市户籍、年满16周岁以上（不含在校学生）、不符合参加机关事业单位养老保险、城镇企业职工基本养老保险、农村养老保险条件或是没有参加以上保险的城乡居民，均可以参加城乡居民基本养老保险。	分为每年100元、200元、300元、400元、500元、700元、900元、1000元、1200元、1500元10个档次，参保人自主选择缴费档次，多缴多得。	城乡居民基本养老保险养老金由个人账户养老金和基础养老金组成，基础养老金每人每月65元。
嘉兴	凡是具有嘉兴市户籍、年满16周岁（不含在校学生）的非国家机关、事业单位、社会团体工作人员，未参加企业职工基本养老保险的城乡居民，均可在户籍地参加城乡居民社会养老保险。	上半年度农村居民纯收入、城镇居民可支配收入或二者之和的平均数为基数，缴费比例8%，逐步提高到10%。	养老待遇主要由基础养老金和个人缴费账户、缴费补贴账户养老金及缴费年限养老金三部分组成。基础养老金月标准为每人每月60元。
北京	凡是具有北京市户籍，男性年满16周岁未满60周岁，女性年满16周岁未满55周岁(不含在校学生)，未纳入行政事业单位编制管理或不符合参加企业职工基本养老保险条件的城乡居民均可以参加城乡居民基本养老保险。	最低缴费标准为上一年度农村居民人均纯收入的9%；最高缴费标准为上一年度城镇居民人均可支配收入的30%。	城乡居民养老保险待遇由个人账户养老金和基础养老金两部分组成。基础养老金标准为每人每月280元。

2. 高龄补贴、政府补贴、丧葬补助金对比分析

城乡居民基本养老保险制度的建立有着它独特的特点，在这个制度中，更强调的是一种"个人缴费为主，经济组织适当补助，政府给予补贴"的形式。在这种形式中，具有一定的普惠性和倾斜性。郑州先行推行了户籍制度改革，实行了"一元制"户口管理模式，在政府补贴、高龄补贴中，一律采取"城乡统一待

遇"。而在全国率先推行全民养老的"嘉兴模式"却未能统一政府补贴，主要是因为嘉兴城乡户籍不统一。相比之下，北京在财政补贴、高龄补贴方面很少作为。在丧葬补助金方面，郑州市的做法也是一大亮点，详见表2-3。因此，郑州模式具有更大的推广价值，但是这也面临比其他城市更大的财政压力。

表2-3　主要模式的高龄补贴、政府补贴、丧葬补助金对比

城市	政府补贴	高龄补贴	丧葬补助金
郑州	政府每人每年给予60元补贴。	具有本市户籍的参保人，自年满70周岁的当月起，另按20元每月发给高龄老人生活补助；自年满80周岁的当月起，每月再增加30元；自年满100周岁的当月起，每月再增加50元。	参保缴费满15年并领取养老金的参保人员死亡后，终止养老保险关系，政府一次性支付丧葬补助费1000元。
嘉兴	统筹地财政按缴费基数5%补贴，其中3%建立参保人员补贴账户，2%建立城乡居民养老保险统筹基金，市区（县镇）两级财政分别按2.5%比例承担。	年满70周岁人员不参保，直接享受老年生活补助；70—89周岁的，城镇居民每月80元、农村50元；90周岁以上的，城镇居民每月150元、农村90元。	参保人员死亡后，领取一次性丧葬费补贴，补贴标准为参保人员死亡时嘉兴市基础养老金的20个月金额。
北京	每人每年由区县财政给予30元的缴费补贴。	没有高龄补贴，但是有残疾人补贴。对参保的重度残疾人按照城乡居民养老保险最低缴费标准给予全额补贴；对参保的其他残疾人，按照城乡居民养老保险最低缴费标准给予50%的补贴。	参保人员在缴费期间死亡的，参照城镇职工的标准支付丧葬费。

3. 制度衔接、基金管理、经办机构对比分析

从表2-4中，我们可以看出三个模式在制度衔接、基金管理、

经办机构设置方面差别不大。由于这三个方面均涉及管理问题，虽然制度设计如此，但是在具体实施过程中，各地情况也有所不同。据笔者实地调查，郑州市还没有设置专门的城乡居民基本养老保险经办机构，也没有实现真正的制度衔接。

表2-4 主要模式的制度衔接、基金管理、经办机构对比

城市	制度衔接	基金管理	经办机构
郑州	在市级统筹范围内城乡居民基本养老保险与城镇企业职工基本养老保险、机关事业单位社会养老保险、被征地农民基本生活保障之间的可以转移和接续。	城乡居民基本养老保险基金统一纳入财政专户，专款专用；任何部门、单位和个人不得转借、挪用、平调或侵占。	各县（市、区）劳动保障部门在各乡（镇）、办事处设立派出机构，专人专职负责城乡居民基本养老保险事务。村（居）民委员会负责为本辖区参加城乡居民基本养老保险的个人办理参保登记、缴费申报、待遇享受等手续，并指定专人负责此项工作。
嘉兴	城乡居民基本养老保险与参加原农村社会养老保险（老农保）、企业职工基本养老保险、被征地居民养老基本生活保障之间可以转移和接续。	城乡居民社会养老保险基金纳入同级财政预算；基金以市、县（市）为单位，纳入同级社会保障基金财政专户，实行收支两条线管理；单独记账、核算，专款专用，任何部门、单位和个人不得转借、挪用、平调或侵占。	城乡居民社会养老保险实行全市统一制度，分级管理。市、县（市）社会保险经办机构负责城乡居民养老保险费收缴、养老金给付和个人账户管理工作。
北京	与新型农村社会养老保险制度、企业职工基本养老保险可以转移和接续。	城乡居民养老保险基金纳入区（县）财政专户，以区（县）为单位核算和管理；区（县）财政部门、劳动保障部门应设立专门账户，对本区（县）城乡居民养老保险基金进行管理，专款专用；任何部门、单位或个人均不得转借、挪用和侵占。	区（县）劳动保障部门设立的经办机构，负责城乡居民养老保险费收缴、养老金给付和个人账户管理工作。

第3章
郑州市城乡居民基本养老保险制度的实证研究

通过对城乡居民基本养老保险制度主要模式的对比分析，我们可以看出"郑州模式"以它独有的风格和特点，在全国具有一定示范性、前瞻性和可行性。正因如此，本书选取郑州市高新区作为调查地点，运用科学的研究方法，对该地区开展实地调研，希望能够了解目前郑州市城乡居民基本养老保险制度的发展现状，准确把握其实施状况及其运作中所出现的问题，进一步完善和推行现行城乡居民基本养老保险制度，从而实现它的健康可持续发展。

3.1 调查情况介绍

3.1.1 调查目标

本次调查的目标在于立足我国人口老龄化和城乡二元化的时

代背景下，从社会保障的学科视角出发，以实证主义方法论为指导，以调查问卷形式了解目前郑州市城乡居民基本养老保险制度的发展现状，能够准确把握其实施状况及其运作中所出现的问题，分析影响该制度可持续发展的障碍性因素，从而提出实现我国城乡居民养老保险制度可持续发展的具体举措。

3.1.2 调查内容

立足于调查主题和调查目标，具体来说，本调查的具体内容（调查问卷详见附录）主要有：（1）调查对象的基本情况；（2）调查对象的参保情况；（3）调查对象的参保意愿；（4）调查对象的认知程度；（5）调查对象的满意度调查；（6）该制度的实施状况调查。

3.1.3 调查地点和调查对象的选取

本调查选取郑州市高新区作为调查地点，通过该区社保机构经办人员的配合，分别在高新区社会保险管理中心和沟赵乡社保所内对参保居民发放问卷。在调查对象的选取中，符合被调查者的条件是：郑州市户口、16周岁及以上、思维和语言正常、有回答问题能力的人。本次调查共发放300份问卷，其中农村居民200份，城镇居民100份，回收率100%，并对回收的问卷采用SPSS软件进行统计分析。本次调查采取匿名制，便于了解真实情况。

3.1.4 样本选取基本情况

1. 年龄：在被访的300人中，其中16—30岁为14人，占被访总人数的4.7%；30—50岁为120人，占被访总人数的40%；50—60岁为30人，占被访总人数的10%；60—70岁为128人，约占被访总人数的42.7%；70—80岁为7人，约占被访总人数的2.3%；80岁以上为1人，约占被访总人数的0.3%。从图3-1中，我们可以看出，本次调查以60—70岁的人居多。

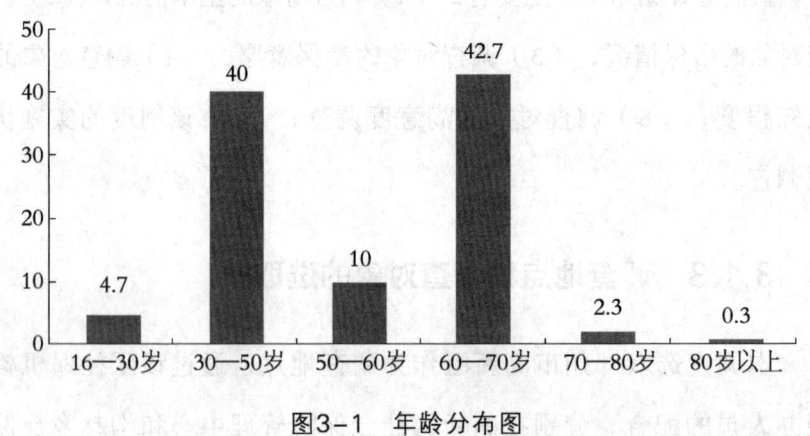

图3-1 年龄分布图

2. 性别：在被访的300人中，男性人数为131人，约占被访总人数的43.7%；女性人数为169人，约占被访总人数的56.3%。

3. 户口类别：被访者的有效数据中，其中户口为农业户口的有200人，约占被访总人数的66.7%；非农户口的有100人，约占被访总人数的33.3%。

4. 文化程度：从本次所调查的300份问卷中，小学及以下文化程度为8人，约占被访总人数的2.7%；初中文化程度为125人，约占被访总人数的41.7%；中专或高中文化程度为98人，约占被访总人数的32.7%；大专文化程度为60人，约占被访总人数的20%；本科及本科以上的9人，约占被访总人数的3%。

5. 从业状况：从图3-2中，我们可以看出沟赵乡的农村普遍以农业为基础，在所调查的村民里，有80.4%从事农业；9.8%为个体户，从事批零贸易和餐饮；7.4%外出打工；2.4%从事其他行业。而城镇居民多数以无业和个体户居多，53.1%无业；39.7%为个体户，从事批零贸易和餐饮；5.2%外出打工；2%从事其他行业。

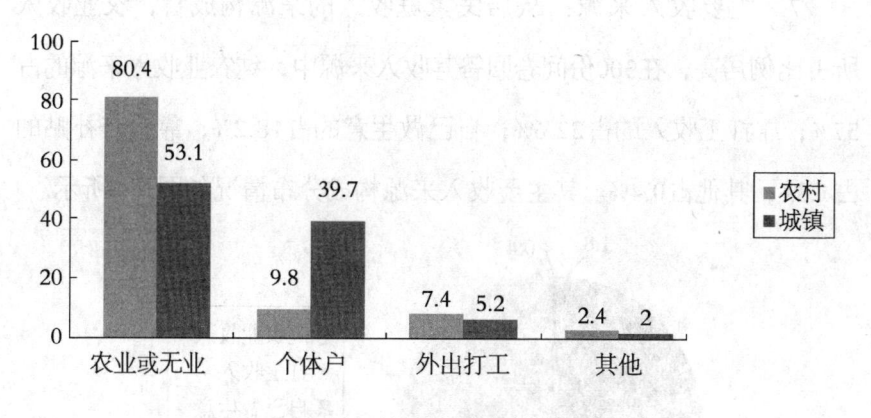

图3-2 农村与城镇居民从业状况分布图

6. 月平均收入：由于收入向来都是个比较敏感的话题，而我国素有"有财不外露"的心理，所以对收入状况的统计分析与现实会有一定的出入。在本次调查中，农村居民月平均收入以300元—500元的居多，占被访总人数的37%；而城镇居民月平均收入以500元—1000元的居多，占被访总人数的49%。图3-3是农村与城镇居民月平均收入分布情况，从中也可以看出，城镇居民要比农村居民月收入略高。

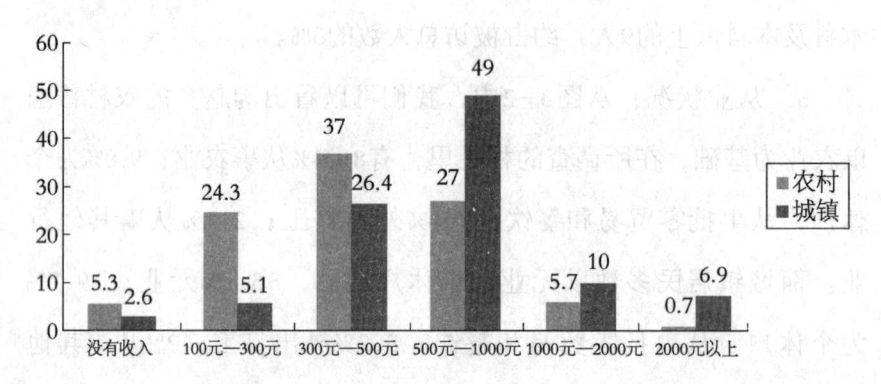

图3-3 农村与城镇居民平均月收入分布图

7. 主要收入来源：从居民家庭收入的来源构成看，农业收入所占比例居高，在300份问卷回答其收入来源中，纯农业收入来源的占57%；靠打工收入的占22.6%；自己做生意的占18.2%；靠政府补贴的占1.8%；其他占0.4%。其主要收入来源构成分布情况如图3-4所示。

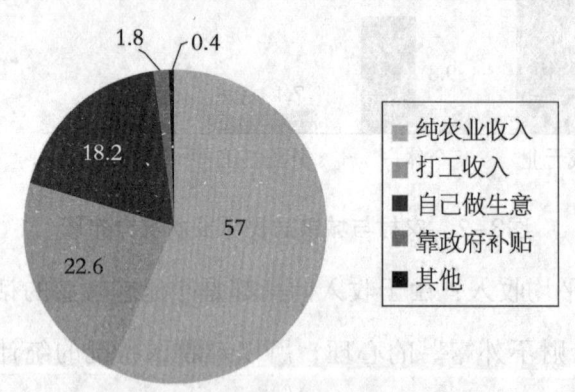

图3-4 居民收入主要来源构成图

8. 家庭人口结构：在调查的300位居民中，其中有52位没有子女，其余248位的子女为2—3个，家中60岁老人为1—2个。从表3-1中可以看出核心家庭与主干家庭是沟赵乡村民的主要家庭结构形式。被调查的300名居民大部分家庭的人口数为3人或4人，家庭规模为3—5人的被访者占被访总人数的比例为85%，家庭人口代数也绝大部分集中在三代以内，其中又以两代居多，占被访总人数的67.9%，四世同堂的现象已经非常少见。

表3-1 家庭总人口数

单位：户，%

家庭人口数	频次	百分比	有效百分比	累计百分比
4	91	30.3	30.3	30.3
5	75	25	25	50.5
3	60	20	20	59.0
2	52	17.3	17.3	78.8
6	12	4	4	85.3
1	5	1.7	1.7	97.9
7	3	1	1	99.3
8	2	0.7	0.7	99.6
合 计	300	100.0	100.0	100.0

3.2 郑州市城乡居民基本养老保险制度的发展现状分析

《2008年郑州市政府工作报告》明确提出：将"探索城乡居

民养老保险试点工作,加快建立覆盖城乡居民的养老保障体系"列入为民办理的十件实事之一。实现人人老有所养,既是和谐社会的重要标志之一,是广大群众的心愿,也是实现郑州市率先全面建成小康社会奋斗目标的重要举措。本节基于对郑州市的实证调研基础上,对郑州市城乡居民基本养老保险的发展现状进行分析,其中包括在发展中所取得的成绩和存在的问题。

3.2.1 郑州市城乡居民基本养老保险制度在发展中所取得的成绩

1. 参保人数不断增加,让更多居民受益

据了解,截至2007年底,郑州市16周岁以上的人口中,共有96万人参加城镇企业职工养老保险,再排除党政机关和事业单位职工,目前郑州市还有435万人没有养老保险,其中农村户籍居民335万人,占77%;城市居民100万人,占23%。[①] 通过郑州各县(市)、区的扎实工作,城乡居民基本养老保险工作从2008年8月份开展试点,9月份全面铺开,截至2008年底,参保登记人数220435人,参保缴费人数164971人。[②] 截至2009年底,参加城乡居民基本养老保险缴费人数28.2万人,享受待遇人数34.5万

---

① 《"全民养老"知易行难》,《决策探索(上半月)》2008年第09期。
② 郑州市人力资源和社会保障局:《2008年度郑州市社会保险信息披露公告》,郑劳社〔2009〕36号。

人。① 2010年8月，在郑州市城乡居民基本养老保险专题会议上，目前郑州市参加城乡居民养老保险的人数已达70多万人，享受待遇的老人已达42万之多。② 图3-5说明郑州市城乡居民基本养老保险从2008年到2010年的参保情况。

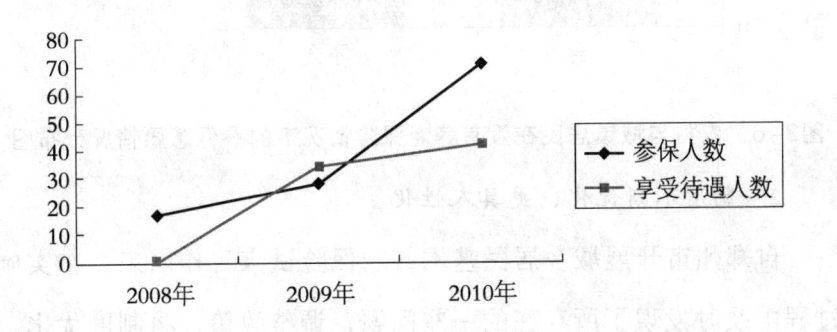

图3-5 2008年—2010年参保情况分布

其实郑州城乡居民基本养老保险正是为郑州市300多万农民和100万城镇未参保居民参加"社会养老"奠定了制度框架，这些群体往往在社会上处于弱势地位，他们徘徊在养老保障的边缘。郑州城乡居民基本养老保险更是本着让没有养老保障的人群能够尽快享受福利，从图3-6中，我们可以看出如果居民本身或是家中老人没有参加任何形式的养老保险，大多数表示会参加该项制度，农村居民和城镇居民各有75.4%和63.9%。

---

① 郑州市人力资源和社会保障局：《2009年度郑州市社会保险信息披露公告》，郑人社〔2010〕215号。

② 郑州市居民养老工作处：《城乡居民基本养老保险召开专题会议安排部署全市防冒领工作》，http://www.zzsi.com/zw.html?lid=151&lb=2&wid=8987，2010年8月18日。

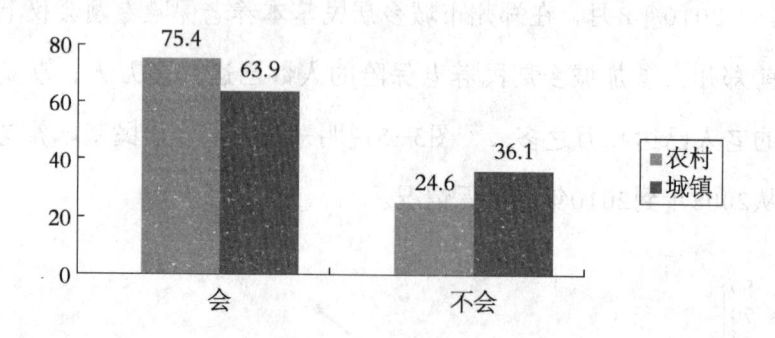

```
    80 ┬ 75.4
       │  ┌─┐ 63.9
    60 ┤  │ │ ┌─┐
       │  │ │ │ │              ■农村
    40 ┤  │ │ │ │              ■城镇
       │        36.1
       │     24.6 ┌─┐
    20 ┤     ┌─┐ │ │
       │     │ │ │ │
     0 ┴─────┴─┴─┴─┴──
           会      不会
```

图3-6 农村与城镇居民在没有养老保险情况下的参保意愿情况分布图

2. 制度不断优化，更具人性化

自郑州市开展城乡居民基本养老保险试点工作以来，在实施过程中及时发现了所存在的一些问题，调整政策，将制度优化，更加贴合居民的实际参保需求。表3-2是郑州市城乡居民基本养老保险制度的新老办法在政策上的调整。

表3-2 新老办法的不同之处

不同之处	老办法	新办法	解读
缴费档次	居民参保缴费设置7个不同档次的缴费比例，即可按照缴费基数的6%、7.5%、10%、20%、30%、50%、85%选择。每6个月或12个月缴纳一次。	居民缴费标准重新设定为每年按定额的100元、200元、300元、400元、500元、700元、900元、1000元、1200元、1500元10个档次。缴费年度也由原来的7月1日至次年的6月30日更改为自然年度，即每年的1月1日至12月31日。	新办法降低了缴费门槛，过去选择最低缴费档次，居民每年也要缴纳六七百元，而新办法每年最低只需缴纳100元，而且缴费年度改为自然年度，居民缴费也更为便利。

续表

不同之处	老办法	新办法	解读
缴费形式	年满60周岁居民至少要缴费满15年方可享受养老金;参保时年满45周岁及以上,距达到60周岁时缴费年限不够15年的,需在参保时一次性缴纳不足年限的保险费;参保时年满60周岁及以上的城乡居民,需一次性缴纳15年的养老保险费。	新参保人员,已年满60周岁以上城乡居民,可以选择一次性缴费15年或选择子女参保不缴费。居民参保时已年满46周岁,不满60周岁必须按年缴纳到60周岁,同时也允许在正常缴费期间按补缴时选择标准一次性补缴,累计缴费不超过15年。	例如一位居民已经50周岁,他按年缴纳10年到60周岁,领取养老金,也可以再一次性补缴5年,但累计不得超过15年。
政府补贴	对年满16周岁不满60周岁城乡居民在同一缴费年度内正常缴费的,政府给予缴费基数1.5%养老保险补贴,其中1%记入个人账户,并相应抵缴个人缴费。	对年满16周岁不满60周岁按年正常缴费的,参保缴费财政补贴改为定补60元,直接记入个人账户,不再抵缴个人缴费。	国务院指导意见要求,地方政府对参保人缴费给予的补贴标准不低于每人每年30元,郑州市的补贴额比之高出30元。
子女捆绑缴费方式	不需要子女捆绑缴费	具有郑州市户籍的60周岁以上新参保人员,不论选择一次性缴费15年或选择不缴费,都能享受基础养老金65元,同时其符合条件子女必须参保缴费,不缴费不享受个人账户养老金。	新办法为了提高参保率,能尽早实现"广覆盖",也使得更多居民受益,尤其是60岁以上老人。
户口迁入时间	2008年7月1日后将户口迁入郑州市参保缴费的城乡居民,其具有郑州市户籍累计满10年以上方可享受高龄老人生活补助。	凡有郑州市户籍,不论迁入时间早晚,其参保缴费、养老补贴、基础养老金、高龄老人生活补助等政策一样。	这样使养老政策覆盖到更多人群,老百姓得到实惠。

从上表可以看出,城乡居民基本养老保险制度的新办法与老办法相比,更具人性化和惠民性。

3. 政府财政投入力度不断加强，给予经济支持

2008年以来，郑州市政府将发展城乡居民基本养老保险制度作为贯彻落实科学发展观、构建社会主义和谐社会的重要措施，纳入民生建设工程发展规划，并对此投入了大量资金。截至2008年12月底，郑州市城乡居民养老保险基金总收入9.0353亿元，其中征缴8.3274亿元，财政补贴6721万元，利息358万元；基金总支出3722万元；基金累计结余8.6631亿元。① 2009年，城乡居民基本养老保险基金总收入9.7504亿元，其中征缴7.8796亿元，财政补贴1.7379亿元，利息1329万元；基金总支出3.5840亿元；基金累计结余14.8295亿元。② 郑州市政府还预计，到2012至2013年度，335万人中35%参保缴费，缴费人数117万，60周岁以上93.6万人中50%参保缴费，享受待遇人员46.8万，财政年投入6.84亿元；70周岁以上老年居民33.2万人，财政应支出高龄老人生活补助1.16亿元。两项合计财政安排资金8亿元。③ 从上述数据中，我们可以看出郑州市城乡居民基本养老保险之所以发展迅速，这与政府的财政投入是密不可分的。

4. 不断加大宣传力度，提高居民参保热情

在实地调研的前期准备阶段，笔者就从报纸、电视台以及互

---

① 郑州市人力资源和社会保障局：《2008年度郑州市社会保险信息披露公告》，郑劳社〔2009〕36号。

② 郑州市人力资源和社会保障局：《2009年度郑州市社会保险信息披露公告》，郑人社〔2010〕215号。

③ 郑州市劳动和社会保障局：《关于建立城乡居民基本养老保险制度工作进展情况的汇报及方案说明》，2008年6月10日。

联网上看到郑州市有关城乡居民基本养老保险制度的宣传，也从中了解到居保的各项动态。在实地调研中，可以看到在居民集居区悬挂横幅、刷写墙体标语等宣传。沟赵乡还组织村干部以及经办机构人员走村入户，开展一系列以城乡居民基本养老保险为主题的宣传活动，发放宣传资料，宣传城乡居民基本养老保险政策，指导城乡居民办理参保手续，使居民对这项制度的认知度得以提高。这次调查数据表明（从图3-7中我们可以看出），70.3%的城镇居民和64.5%的农村居民是通过社区或村委会宣传认识城乡居民基本养老保险制度的，还有23.1%的城镇居民是通过报纸、电视、互联网等大众传媒了解到的。

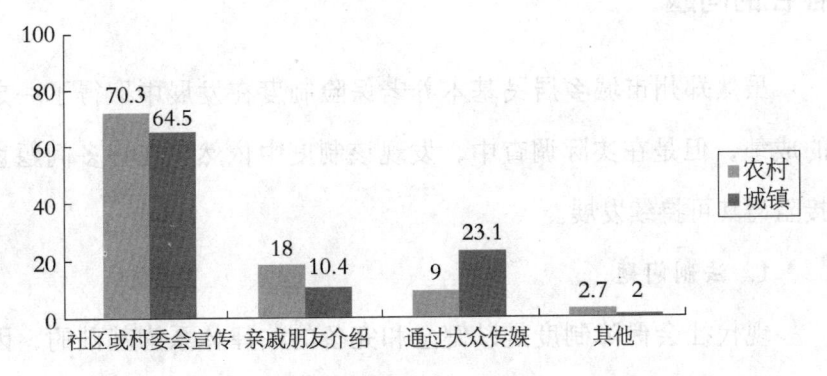

图3-7 农村与城镇居民认知渠道情况分布图

随着该制度宣传力度的加大，也使得居民参保热情高涨。据这次调查统计，沟赵乡从2008年8月份开展城乡居民基本养老保险，至今参保人数为5457人。① 图3-8为本次调查的参保情况，87.3%的农村居民和75.8%的城镇居民参加该制度，并且农村居民

---

① 高新区沟赵乡社保所人员提供的内部资料。

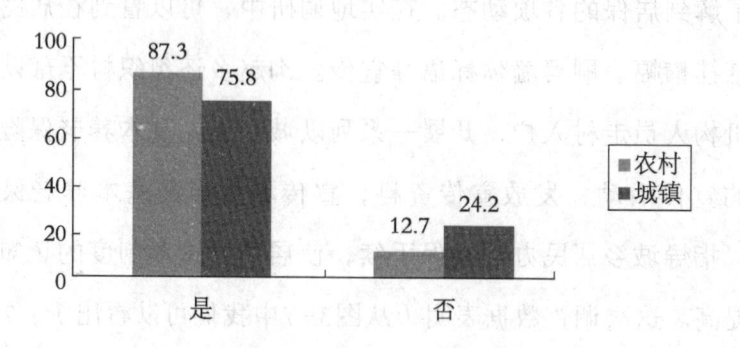

比城镇居民参保比例高出11.5%，总体参保水平高于城镇。

图3-8 农村与城镇居民参保情况分布图

3.2.2 郑州市城乡居民基本养老保险制度在发展中存在的问题

虽然郑州市城乡居民基本养老保险制度在发展中取得了一定的成绩，但是在实际调查中，发现该制度中依然存在许多问题直接阻碍其可持续发展。

1. 法制问题

现代社会保障制度是以健全和完备的法律体系为基础的，因此，立法先行是世界各国社会保障制度建设的第一要义。社会保障就是国家或社会依法建立，具有经济福利性的、社会化的国民生活保障系统，[①]即国家通过法律形式制定社会保障制度，规范企业、职工个人等社会保障行为主体之间的权利与义务关系,依法保障公民的基本生活、维护社会稳定。一个国家若想建立完善的社

---

① 郑功成：《社会保障学》，中国劳动社会保障出版社，2005，第18页。

会保障体系，必须要有一套健全的社会保障法律制度。

虽然各试点地区均由人民政府颁布了办法和条例，如郑州市从2008年7月份正式宣布建立城乡居民基本养老保险制度，由郑州市人民政府颁布了《城乡居民基本养老保险制度试行办法》郑政〔2008〕22号，到2009年12月28日郑州市人民政府颁布了《城乡居民基本养老保险制度办法》郑政〔2009〕316号，以及2010年2月22日郑州市人力资源和社会保障局印发了《城乡居民基本养老保险制度办法实施细则》郑人社〔2010〕51号。但是由于各试点地区的模式有所不同，在城乡居民基本养老保险的各项政策规定上也有不同之处，如嘉兴和郑州在缴费档次、补贴标准以及养老金发放标准等方面都有所区别。要想推行城乡居民基本养老保险制度，使其可持续发展，单靠各试点地区政府的相关条例办法是不够的，这不仅使得城乡居民基本养老保险制度分割化发展，也很难在全国进行统一推广。

2. 政府责任问题

（1）政府财政压力大，投入不到位。郑州市在全国省会城市中率先建立起城乡居民基本养老保险制度，经过几年的发展，在全国具有一定的示范性和可行性。一项制度的建立和发展必然离不开政府的财政投入，而目前制约城乡居民基本养老保险制度可持续发展的最根本因素就在于郑州市政府的现有财力。2009年郑州市国民经济和社会发展统计公报指出，郑州市全年完成财政总收入521.7亿元，地方财政一般预算收入301.9亿元，但是地方财政一般预算支出却为353.1亿元。虽然当年财政收入比上年增长15.9%，但财政支出的增幅却为22.3%。然而，郑州市在社会保障与就业支出就占36.2亿元，对于郑州市财政来说，每年新增数亿元来发展城乡居民基本养老保险，对财政的压力确实很大。

  财政压力过大，也导致了财政投入的不到位，从而也影响到了经办机构设施建设。在实地调研的前期准备阶段，笔者就已经和经办机构人员有了初步接触，因此，也从实地了解到一些情况。首先，经办机构缺乏场地。郑州市并没有设有城乡居民基本养老保险的经办机构，而是将它作为一项业务在社会保险经办机构中办理，并没有单独的办理窗口和办公场地。其次，人员编制不到位。目前在沟赵乡负责城乡居民参保工作的人员只有两人，而且这两人是高新区区委聘任的工作人员，因为这项政策开展被区里派到这里开展工作，目前两人还不是正式在编公务员。这两名工作人员已经办理了5457人的参保和发放待遇的业务，工作繁重，郑州市政府在解决人员编制和安排上的问题给城乡居民基本养老保险制度的发展带来了一定的阻碍。最后，办公经费严重短缺。郑州市政府虽把此项制度的实施作为民生之重，但在实际工作中，只是给予很少一部分经费。正因如此，目前沟赵乡社保所只有两台电脑和一台打印机，在机构建设、办公设施、政策宣传等方面的投入更是少之又少。

  （2）认识有失偏颇，制度发展不均衡。党的十七大报告提出"努力使全体人民学有所教、劳有所得、病有所医、老有所养、住有所居"；到2020年"覆盖城乡居民的社会保障体系基本建立，人人享有基本生活保障"，实现城乡居民老有所养。作为人口第一大省的省会城市，郑州市从2008年8月1日正式启动郑州市城乡居民基本养老保险，这也是在社会保障领域又一具有里程碑意义的大事。

郑州市政府虽然认识到城乡居民基本养老保险制度是一项惠民政策，本着公正、普惠的价值理念来推动该制度的发展，也认识到此政策的实施对改善民生的重要性，但是对于一个政府来说，需要保障更多人群的利益。截至2009年底，企业基本养老保险情况：全市参保单位20952家，参保人员116万人，其中，在职职工92.3万人，离退休人员23.7万人。2009年，全市基金收入42.7064亿元，其中，基本养老保险费收入39.2425亿元。[①] 与企业职工基本养老保险相比，城乡居民基本养老保险参保人数较少，参保群体处于弱势，主要针对两类人群：一是60岁以上城乡居民；二是劳动年龄段内的农民和收入不稳定的城镇居民。因此，郑州市在养老保险制度上首先是巩固大多数群体的利益，大力发展企业职工养老保险，其次才是发展其他养老保险制度。由于工作目标不明确，又加之城乡居民基本养老保险工作刚在郑州市启动仅仅两年的时间，多数居民还处于等待观望状态，政府又缺少投入和资金扶助，技术支撑和管理都没有跟上，再加上管理队伍

---

① 郑州市人力资源和社会保障局：《2009年度郑州市社会保险信息披露公告》，郑人社〔2010〕215号。

和经办人员参差不齐，留下了很多后遗症，这使得郑州市养老保险制度发展呈现非均衡性，导致城乡居民基本养老保险制度发展滞后。

3. 制度缺失问题

一是制度设计中的问题：

（1）缴费档次设计不合理。《郑州市城乡居民基本养老保险办法》中规定，将原办法的居民参保缴费的7个档次，即分别按照缴费基数的6%、7.5%、10%、20%、30%、50%、85%，重新设定为每年按定额的100元、200元、300元、400元、500元、700元、900元、1000元、1200元、1500元10个档次。新办法确实降低了缴费门槛，就拿60岁以上的老人来说，需要一次性补缴15年的待遇，即使过去选择最低缴费档次6%，需要一次性缴纳9128.7元，每月领取103.7元，而新办法最低只需缴纳100元，补缴合计1500元，每月即可拿到75.79元。从这个方面来看，新办法要比老办法缴费门槛更低、待遇要高，但是我们也可以从表3-3中看出一些问题，100元—500元和700元—900元档次中，缴费后所享受的养老金标准上差距也仅是十几元到二十几元之间。

表3-3　60周岁及以上人员一次性补缴15年享受待遇标准①

缴费标准（元）	补缴年限（年）	补缴金额合计（元）	个人账户总额（元）	个人账户养老金（元）	基础养老金（元）	养老金合计（元）	备注
100	15	1500	1500	10.79	65	75.79	1.按时足额缴纳城乡居民基本养老保险费的，政府每年给予60元的缴费补贴，不冲抵个人缴费，记入个人账户；补缴年限，不享受该项补贴。 2.年满70周岁、80周岁、100周岁的参保人还将分别享受20元、50元、100元的高龄老人生活补助。
200	15	3000	3000	21.58	65	86.58	
300	15	4500	4500	32.37	65	97.37	
400	15	6000	6000	43.17	65	108.17	
500	15	7500	7500	53.96	65	118.96	
700	15	10500	10500	75.54	65	140.54	
900	15	13500	13500	97.12	65	162.12	
1000	15	15000	15000	107.91	65	172.91	
1200	15	18000	18000	129.50	65	194.50	
1500	15	22500	22500	161.87	65	226.87	

在这次调查中我们也发现（如图3-9所示），65.3%的农村居民和40.9%的城镇居民都选择100元投保档次，在其他几个缴费档次上，农村居民很少选择，而城镇居民则是更愿意选择较高的缴费档次，在700元和1500元上分别有14.4%和11.5%，即使是选择这两个档次，两者享受养老金金额也只相差80多元。由此可以得出，新办法的缴费档次过于密集，在养老金待遇方面体现不出差距，在最高档次上的设计，每月也只是领取226.87元，无法满足较

---

① 郑州市社会保险事业管理局：《郑州市城乡居民基本养老保险实务》，2010年2月。

高需求者的要求。

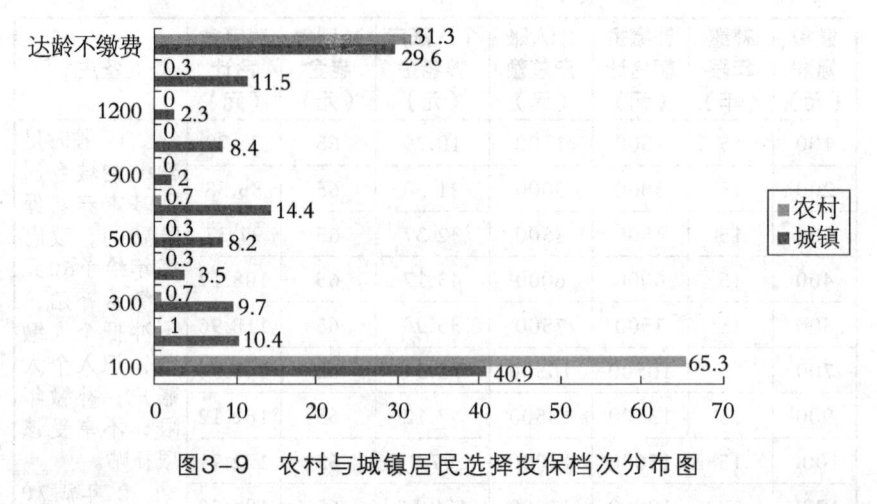

图3-9 农村与城镇居民选择投保档次分布图

（2）子女捆绑缴费设计引起居民不满。据笔者调查，农村老人，尤其是60周岁以上的老人更倾向于选择参加城乡居民基本养老保险，但年轻居民和城镇居民的表现并不热情。目前，郑州市居民参保人数已经突破36万人。其中年满60周岁以上参保人数占85%，但是16—59周岁仅占参保人数的15%；农村居民占参保人数的90%，但是参保的城市居民还不足10%。[①] 为了进一步完善制度，加大参保工作力度，促进更多中青年参保，在《郑州市城乡居民基本养老保险制度办法》中规定：具有郑州市户籍的60周岁以上新参保人员，不论选择一次性缴费15年或选择不缴费，都能享受基础养老金65元，同时其符合条件子女必须参保缴费，不缴费不享受个人账户养老金。虽然这确实提高了参保率，但是据这次调查数据表明（如图3-10所示），在问及如果子女无须参保缴

---

① 夏育文：《郑州探路城乡一体化养老》，《中国社会保障》2009年第9期。

费，家中老人年满60岁也可以按月领取养老金，农村和城镇居民选择不愿意参加的各占被访总人数的72%和53.2%。

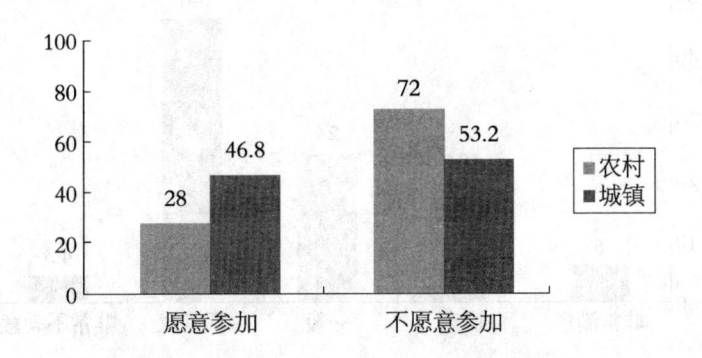

图3-10　农村与城镇居民在子女无须捆绑缴费情况下参保意愿分布图

在沟赵乡调研期间，了解到90%以上农村居民是为了家中老人才选择缴纳城乡居民养老保险，而且据居民反映，他们感觉这是变相的强制参保，等于自己参保的钱供养了自己的老人，感觉没有享受到任何实惠。

（3）基于目前经济和消费水平，养老金和政府补贴待遇设置过低。随着经济增长，物价上涨，居民消费支出也在逐年上升。2010年9月，郑州市城镇居民人均消费性支出9516元，同比增长20.7%，其中市区人均消费性支出9316元，同比增长24.4%；农民人均生活消费支出3924元，同比增长6.8%。[①]在正常的通货膨胀的情况下，每月只领取几十元的养老金，确实很难满足日常生活需要。在这次调查中，仅仅只有6%的被访者对所享受养老金金额

---

① 郑州统计信息网：《2010年9月郑州市经济动态》，http://www.zzstjj.gov.cn/Articles/Show-45274.html。

表示非常满意，46%的被访者表示不满意，如3-11图所示。

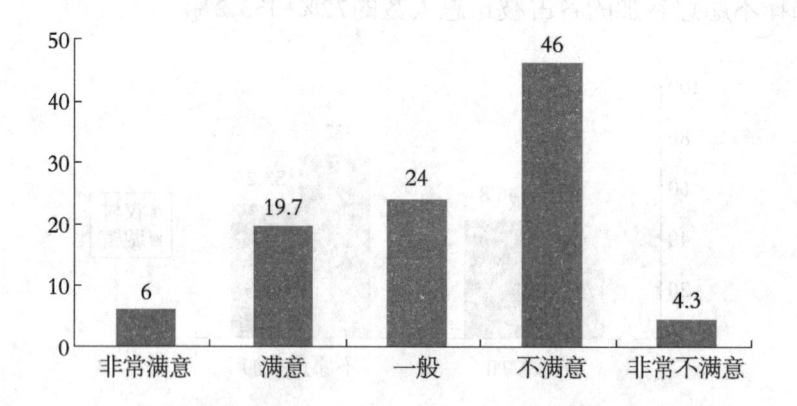

图3-11　被访者对每月所享受养老金满意度情况分布图

由于农村老年人多数靠子女供养，也参与耕种，以获得粮食来养活自己，每月所领取的几十元养老金大多数作为零花钱，但是在农村因为子女不孝顺所引发的赡养案件时常发生，主要还是因为父母、子女经济不富裕。

这时，确实需要一个带有政府福利性质的养老保险制度的产生，将改变我国千百年来传统的"儿女养老""土地养老"模式，惠及郑州一部分尚未进入政府养老保障体系的城乡居民，这就是城乡居民基本养老保险制度。但是笔者在调查中发现，一些居民的参保热情并不高，尤其是城镇居民，他们认为"参保后每月领取的养老金太低，与其把钱交上去，不如放在自己手里方便"。还有人担心，郑州市财政能否每年足额拨付"城乡居民养老保险金"？在财力紧张的情况下，会不会逐年提高缴费比例？面对如此多的疑问，本次调查对这些问题也进行了实地调查。在问到每月领取多少元的养老金能满足日常生活这个问题时,如图3-12所示,48.5%的农村居民认为每月领取300元—500元可以满足日常生活需要,而59.7%的城镇居民则认为500元—1000元才能满足。

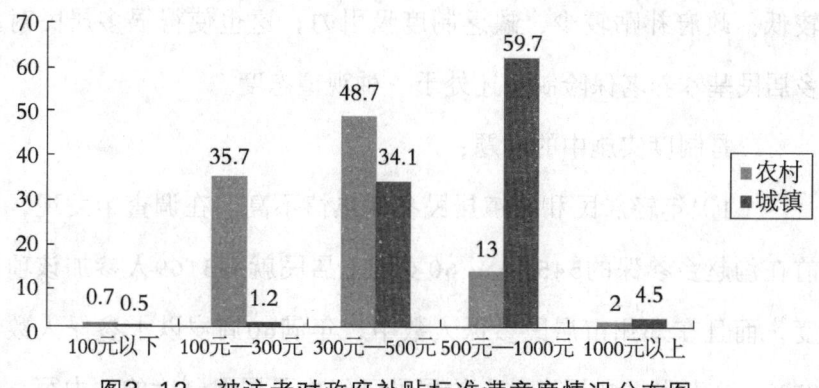

图3-12 被访者对政府补贴标准满意度情况分布图

显然,目前居民所享受的养老金远远低于这个标准。对于正常缴费的参保人,地方政府每年给予60元的缴费补贴,有35.7%的被访者不太满意,而且在选择不满意的被访者中74.9%是城镇居民,并且59.6%的农村居民选择100元—150元的补贴标准,64.3%的城镇居民选择150元—200元的补贴标准,如图3-13所示。

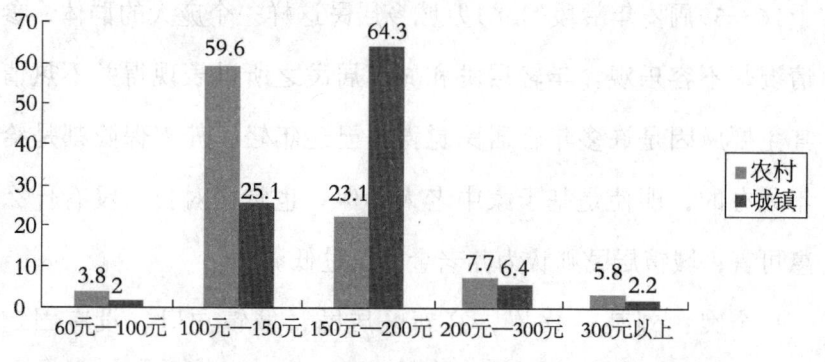

图3-13 农村与城镇居民对政府补贴标准需求情况分布图

虽然郑州市城乡居民基本养老保险实现了"广覆盖",但是这是一种低水平的"广覆盖"。对于郑州市"城乡居民养老"计划的参保者而言,其实际待遇远低于城镇企业职工。养老金待遇较低,政府补贴较少,缺乏制度吸引力,这也使得很多居民对城乡居民基本养老保险制度还处于一种观望态度。

二是制度实施中的问题:

(1)年轻居民和城镇居民参保热情不高。在调查中发现,目前在沟赵乡参保的5451人,60岁以上居民就有3169人参加该项制度,而且在郑州市居民参保人数中,年满60周岁以上参保人数占85%,这表明,60周岁以上的居民已经成了居保制度的主力军。但是从表3-4中看,目前郑州市16周岁以上没有参加养老保险的人口中,60周岁及以上的为74万,而小于60周岁的为361万人。在这小于60周岁的361万人中,郑州市区的人口为106万人,而该市下辖县市的人口为255万。因此,我们可以看出,城乡居民基本养老保险覆盖的重点范围应该是各区县人口低于60周岁的人口。但是对于16—59周岁年龄段的361万城乡居民这样一个庞大的群体,参保情况却不容乐观。年轻居民和城镇居民之所以表现得并不热情,其主要原因是许多年轻居民觉得自己还年轻,养老保险都是给老年人办的,即使是基于家中老人参保,也觉得对自己没有什么实惠可言;城镇居民则认为养老金待遇过低。

个案:刘某,46岁,高新区居民,城镇户口,没有固定工作,自己开了一家小型门市部,专营日常生活用品。据他反映,本也想缴纳城乡居民基本养老保险，但是看到每月所享受的养老金金额过低，就算是选择最高档次缴纳，需要拿出一笔不小的数目，每月也只能领取226.87元，这根本无法保障日后养老的基本生活。

表3-4 郑州市各年龄段人员数量[①]

区分	16—59周岁人数				年满60周岁及以上人数			
	合计	男16—44周岁	女16—44周岁	45—59人数	合计	60—69周岁	70—79周岁	80周岁以上
县市农村	2330796	916460	883425	530911	470939	286879	127239	56821
县市城镇	218019	62953	77274	77792	79901	45277	16642	17982
市区农村	461470	195211	183705	82554	83416	60452	15258	7706
市区城镇	601531	237286	206830	157415	105451	75641	21508	8302
合计	3611816	1411910	1351234	848672	739707	468249	180647	90811

（2）农村居民普遍选择投保档次较低。郑州市至今依然是农村人口占多数的省会城市。据2009年郑州市国民经济和社会发展统计公报指出，截至2009年底，全市年末总人口752.1万人，其中城镇人口476.9万人；非农业人口312.1万人，属于典型的"大城市带大农村"。城乡居民基本养老保险制度按照"保基本、广覆盖、可持续、易衔接"的原则，考虑到郑州市各区县的城乡居民收入水平较低，而农民占比重太多，只能设定较低的缴费标准和

---

① 郑州市劳动和社会保障局：《关于建立城乡居民基本养老保险制度工作进展情况的汇报及方案说明》，2008年6月10日。

缴费比例，以尽可能把农民和收入不稳定的城镇居民纳入社会养老体系。虽然该制度已经逐步实现"保基本、广覆盖"，但是却存在这样一个问题：在这次调查中，我们发现有65.3%的农村居民选择100元投保档次，这也归结为想要捆绑缴费让家中60岁以上老人可以不缴费就能享受养老金，如图3-14所示，有78.3%的被访农村居民是为了家中60岁以上老人才选择捆绑缴费。对于这些选择最低档次的居民来说，日后所领取的养老金较低，生活上依然难以保障，这也将为日后埋下隐患。

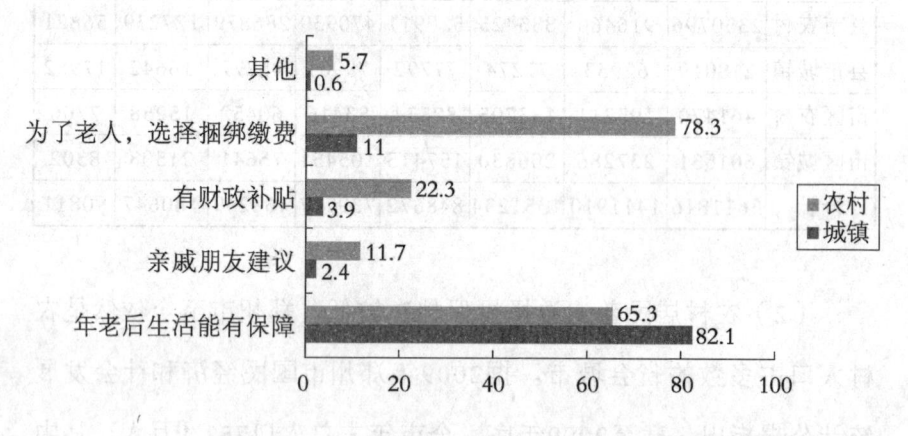

图3-14 农村与城镇居民参保原因分布图

（3）参保居民对政策欠缺了解。尽管郑州市政府加大了对城乡居民基本养老保险的宣传力度，也可以看到一些可喜的成果，但是在笔者的调查中，发现问及居民是否清楚了解城乡居民基本养老保险的相关政策时，农村和城镇居民分别有39.3%和45.6%的人选择不清楚，仅仅有8%和10.2%的人选择非常清楚，而且城镇居民比农村居民对政策的了解程度还要低，如图3-15所示。

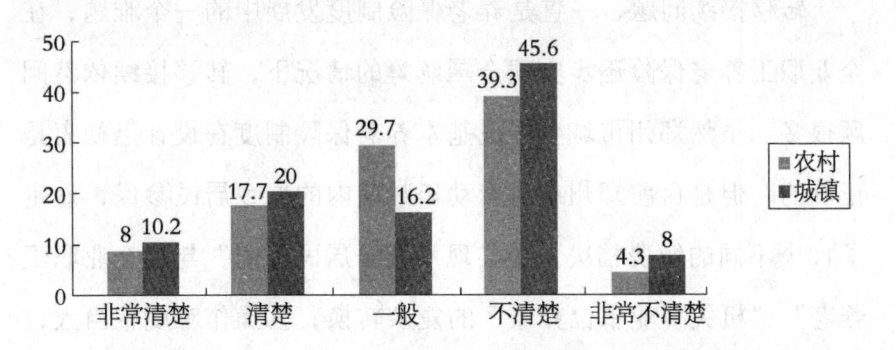

图3-15 农村与城镇居民认知程度情况分布图

他们对于城乡居民养老保险制度的信息了解得也很少，大多数居民只对经办机构、缴费标准以及缴费年限较为清楚，而在缴费待遇以及政府给予的补贴方面了解较少。这种认知的缺失主要原因在于居民没有重视自己的社会保障权利，缺乏对自己参保制度的了解，仅仅局限于单方面知道是什么险种，而没有在乎其将来对自己的保障。这种问题也往往会导致对一些政策的曲解，会给没有参保的居民造成负面影响。

（4）转移接续问题。由于就业年龄段内的城乡居民就业状况不稳定，就业形式多样化，存在就业者在农村、乡镇企业和城镇各类企业及机关事业单位之间流动的情况。因此，为了实现"养老保险关系无缝衔接"的目标，使得郑州市城乡居民基本养老保险与机关事业单位养老保险和城镇企业职工基本养老保险之间可以转移和接续，以促进劳动力有序流动，保障城乡居民老有所养，城乡居民基本养老保险制度在设计时充分考虑到了上述情况，也期望能够解决这个难题。

转移接续问题,一直是养老保险制度发展中的一个难题,在企业职工养老保险逐步实现全国统筹的情况下,转移接续依然问题很多。虽然郑州市城乡居民基本养老保险制度在设计上初衷是正确的,但是目前郑州市对劳动年龄以内的城乡居民参保,设定了10个不同的缴费档次,要实现"城乡居民养老"与"企业职工养老""机关事业单位养老"的复杂转换,其操作难度相当大,对其管理难度和技术的复杂性我们要有清醒认识。此外,各试点地区在城乡居民基本养老保险制度建设上存在差别,各地区政策制定也有所不同,统筹层次低,各试点地区也仅仅实现市级统筹,如何实现跨地区转移还是一个未知的领域。据笔者实地调查得知,郑州市在该业务实际操作中,确实没有切实可行的办法,并未真正实现转移接续。

4. 基金监管问题

(1)冒领现象严重,缺乏必要的惩治手段。随着城乡居民基本养老保险覆盖面的进一步扩大和个人账户的逐步做实,未来的养老保险基金规模将会越来越庞大。如何确保基金的专款专用,严禁冒领挤占挪用和挥霍浪费是一个非常重要的问题。由于这几年不断出现挤占挪用养老保险基金的案件,已经充分暴露出养老保险基金管理体制不完善、基金管理不严等问题。笔者在沟赵乡开展调查的时候,正好碰到郑州市开展加强城乡居民养老保险待遇防冒领工作,仅仅在沟赵乡就查出150多人冒领养老金。居民按时缴纳养老金,到了法定年龄即可享受养老金,但是,也经常有领取养老金的人员死亡后,家属为了可以继续领取养老金,选择隐瞒不报,这就属于冒领养老金。这种现象不但在城乡居民基本养老保险中存在,也在其他养老保险中普遍存在。城乡居民基本养老保险由于经办人员较少,没有专人负责与民政部门进行联系,无法及时了解该地区的人员死亡情况,导致冒领现象严重,使得城乡居民基本养老保险基金大量流失。即使有关部门发现有人冒领,也仅仅是报上级部门,停发养老金,并没有任何的惩治手段,长此以往,才会使得这种现象比较猖獗。

(2)各部门缺乏配合,无法有效监管。基金的监管并不是劳动保障部门独立承担的,需要劳动保障部门、民政部门、财政部门以及金融机构之间协调合作,但是在城乡居民养老保险基金监管中,缺乏各部门的必要配合。例如:没有民政部门的配合,难以了解参保人员死亡情况,很难防止冒领现象的发生。郑州市城乡居民基本养老保险的指定银行是邮政储蓄、交通银行、建设银行及农业银行。城乡居民基本养老保险的参保人数众多,业务量很大,各个机构规定不一,造成工作进度缓慢,而且城乡居民基本养老保险制度是服务管理与基金管理合二为一的模式,缺乏有效的社会和群众的监督。养老保险金的征收、运作管理和待遇支付都是由养老保险管理服务中心办理,缴费单位和个人对养老保险金并没有实质性的监督权,社会监督机制也不健全,很容易产生腐败和违纪违规现象。

3.3 小结

本章从实证的角度出发，针对郑州市城乡居民基本养老保险制度开展实地调查，从发放的300份问卷中，通过有效数据，对目前郑州市城乡居民基本养老保险制度的发展现状进行合理定位分析。虽然郑州市在城乡居民基本养老保险制度方面发展的脚步已经走在全国的前列，但是依然还存在许多问题，导致该制度可持续发展动力不足、发展滞后。城乡居民基本养老保险制度可持续发展是一项复杂的社会系统工程，怎样才能使这一系统工程健康、协调、快速、持续运行，依靠什么力量去推动它、实现它，使它能够稳健发展？这是城乡居民基本养老保险制度可持续发展面临的最棘手而又最迫切需要解决的问题。由于可持续发展的概念涵盖较广，较为宏观，本书选择从制度层面这个微观角度出发，在实证研究的基础之上，分析影响城乡居民基本养老保险制度的障碍性因素，通过完善城乡居民基本养老保险制度来实现城乡居民基本养老保险的可持续发展。

第4章
影响城乡居民基本养老保险制度可持续发展的障碍性因素

本章是在第3章实证研究的基础之上,分析影响城乡居民基本养老保险制度可持续发展的障碍性因素,主要包括经济、观念、体制、人口、公民权利体系五大障碍性因素。也正是因为这些因素导致该制度可持续发展动力不足,从而阻碍了实现城乡居民基本养老保险可持续发展的脚步。

4.1 经济障碍

影响我国城乡居民基本养老保险制度可持续发展的经济障碍因素主要是由于城乡经济发展水平不均衡,从而造成的地区之间、城乡之间养老保险利益矛盾冲突而形成的,阻碍了中国城乡养老社会保险制度一体化的发展。我国养老保障制度之所以采取城乡有别的制度安排,很大程度上就是基于这个原因。据统计,目前城镇社会养老保险制度运行中已经形成3万亿元隐形债务,即使按国家财政每年至少拿出1000亿元来估算，大概要经过30—40年才能还清。① 城镇职工养老保险制度的发展形势尚且如此，城乡居民养老保险制度则更需要政府财政支持。例如：郑州市预计2009至2010年度，355万人中25%参保缴费，缴费人数89万，60周岁以上78万人中50%参保缴费，享受待遇人员39万，财政年投入4.56亿元；70周岁以上老年居民28.5万人，财政应支出高龄老人生活补助1.02亿元。两项合计财政安排资金5.58亿元。② 然而当前经济非均衡发展，分税制财政体制使地方财政收入与地方的经济发展水平呈正相关，越是贫困的地区，政府财政收入越困难，对贫困居民养老保险补贴的能力越有限。因而现行的政府财政体制、地方政府的财政承受能力直接制约了城乡居民基本养老保险制度的可持续发展。

4.2　观念障碍

在长期的城乡二元经济结构的背景下，人们的思维方式也产生了重要的影响。对于要不要建立、有没有必要建立和怎样建立城乡居民基本养老保险制度等问题一直存在不同意见，严重影响了这项政策的稳定性和可持续发展性。一方面，有些学者认为目

---

① 丛树海：《建立健全社会保障管理体系问题研究》，经济科技出版社，2004，第14—16页。
② 郑州市劳动和社会保障局：《关于建立城乡居民基本养老保险制度工作进展情况的汇报及方案说明》，2008年6月10日。

第4章 影响城乡居民基本养老保险制度可持续发展的障碍性因素

前推进城乡居民基本养老保险制度的时机还不成熟。比如：中国经济还不发达、城乡以及地区之间差别较大、居民在社会养老保险方面还未能享有法定的平等权利等。显然，这种观念的错误是十分明显的，但同时也不可否认，这种观念思潮的存在或多或少地影响了我国推进养老保障统筹发展的舆论氛围，从而影响我国城乡居民基本养老保险的可持续发展。

另一方面，家庭养老是中华民族的传统美德，赡养父母无论从伦理道德还是从法律规范上讲都是子女义不容辞的责任，因此，我国农村居民选择的养老方式是以家庭养老为主。对此，笔者也将这个问题设计进了问卷中，从图4-1中我们可以看出，农村居民多数选择依靠子女和依靠养老金养老，各占被访总人数的75.6%和63.4%；而城镇居民多数选择依靠养老金和依靠自身积蓄养老，各占被访总人数的87.6%和53.8%。这也是因为中国长期以来"养儿防老"的观念，时至今日农村还普遍存有这种观念。

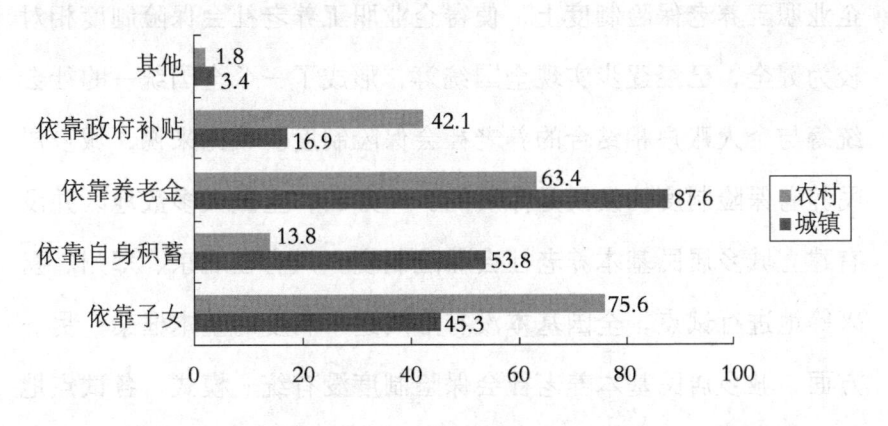

图4-1 农村与城镇居民希望将来养老的方式分布图

正是由于我国传统观念根深蒂固和农业人口居多，从而也导致了多数农村参保居民为了家中年满60岁的老人无须参保就可以享受养老金及政府补贴，才选择参保。最后，错误的观念往往会阻碍事情的发展，也正是因为这些观念的束缚和分歧制约了我国城乡居民基本养老保险制度的可持续发展。

4.3 体制障碍

城乡居民基本养老保险制度确实是打破城乡二元结构，力图衔接城镇职工养老保险制度、机关事业单位社会养老保险制度和被征地农民基本生活保障制度，从而保障那些徘徊在养老保险边缘的人群。由于我国养老保险制度的多元化发展、保障水平的层次性差异，为了保障多数群体的利益，财政大部分资金都投入在企业职工养老保险制度上，使得企业职工养老社会保险制度相对较为健全，已经逐步实现全国统筹，形成了一个全国统一的社会统筹与个人账户相结合的养老社会保险制度。相比来说，城乡居民养老保险制度的发展是滞后的。一方面，全国大多数地区并没有建立城乡居民基本养老社会保险制度，只有在北京、郑州、嘉兴等地进行试点，全国基本没有形成这个制度的基本框架；另一方面，城乡居民基本养老社会保险制度没有统一模式，各试点地区根据经济情况发展、覆盖对象、基金筹集的方式和来源、待遇的享受等都有所区别,也仅仅是实现市级统筹的阶段。我国养老保险制度分块格局和城乡居民基本养老保险制度的无序性等体制障碍性因素已经影响到了我国城乡居民基本养老保险制度的可持续发展。

4.4 人口障碍

随着人均土地资源减少,家庭收入来源的多元化,几千年来靠家庭养老和土地养老的传统模式也越来越难以为继,农村老年贫困化的现象日益突出。据统计,2008年郑州市没有养老保障、年满16周岁以上城乡居民435万人,其中年满16周岁不满60周岁的城乡居民有361万人,年满60周岁及以上的有74万人。同时,全市人口老龄化程度迅速加快,未来15年内,将有84.9万城乡居民陆续达到60周岁。[①] 同时由于我国城镇化、工业化进程加快,计划生育政策落实,一方面,家庭规模小型化趋势不断加深,出现大量的"两个年轻人养四个老人、一个孩子":即"2+4+1"家庭养老模式;另一方面,随着人口流动加速,大量青壮年农村劳力到城镇谋生,产生了大量"空巢家庭",农民工、种地农民特别是农村老弱人员的养老保障问题非常突出,已经成为一个严重的社

[①] 郑州市劳动和社会保障局:《关于建立城乡居民基本养老保险制度工作进展情况的汇报及方案说明》,2008年6月10日。

会问题。传统的家庭养老模式亟须社会养老保险替代和补充，这已经成为城乡居民关注的新热点。建立城乡居民基本养老制度，让人人享有基本养老保障，不仅可以有效解决广大居民的后顾之忧，更关系我国社会经济的可持续发展。随着人口和家庭结构的变化，形成如此庞大的老年队伍势必会造成财政压力，阻挡了推进城乡居民基本养老保险可持续发展的脚步。

4.5 公民权利体系障碍

英国社会学家马歇尔在《公民权与社会阶级》这本书中提出了公民权利理论，他把公民权利分为三个类型：民事权利、政治权利和社会权利。"民事权利是公民拥有个人自由的权利，包括人身自由、言论自由、思想和信仰自由以及拥有财产的权利。政治权利是指参与和行使政治权力的权利，即作为整体中的一员被授予政治权力或称为一个选民。社会权利主要是从少量经济福利到共享社会发展成果和根据社会通行的标准过上体面生活的一系列权利。"[①]马歇尔公民权利理论中社会权利的提出标志着一个新时代的到来，摆脱了"济贫法"时代人们在接受救济时往往要牺牲尊严、受到屈辱的局面。其实社会权利我们可以理解为公民依法享有社会保障的权利，《中华人民共和国宪法》也规定："中

---

① 杨伟民：《社会政策导论》，中国人民大学出版社，2004，第30页。

华人民共和国公民在年老、疾病或者丧失劳动能力的情况下，有从国家和社会获得物质帮助的权利。"[1]尽管一个国家内部地区的居民在经济条件和社会条件上有较大的差异，但在公民权利上则应该是统一和平等的。城乡居民基本养老保险制度是为了实现"全民养老"的目标，更需要建立在平等和统一的公民权利体系基础之上。但是就目前而言，我国有些群体，尤其是城镇中的无固定工作人群以及农民等弱势群体在社会中处于劣势，由于他们自身知识水平有限，对自身利益的关注度低，特别是对自身正当社会保障权利的认识程度不够，漠视和侵犯他们社会保障权利的现象也时有发生。缺乏必要的公民权体系保障，根本无法建立起平等和公平的城乡居民基本养老保险制度，这也成为影响城乡居民基本养老保险制度可持续发展的障碍性因素之一。

---

[1] 第十届全国人民代表大会第二次会议：《中华人民共和国宪法》，第45条第1款，2004年3月。

| 第 5 章 |

实现城乡居民基本养老保险制度可持续发展的建议

要建立适合我国发展的城乡居民基本养老保险制度，是我国应对老龄化社会，完善社会养老保障体系的最终目标。这是一个漫长的过程，需要不断克服障碍因素，构建促进养老保险城乡一体化建设发展的条件，可以根据我国的实际情况，分步进行，最终实现可持续发展。本书基于对郑州市的实证调查，分析了城乡居民基本养老保险的发展现状以及阻碍其可持续发展的障碍性因素，为了使城乡居民基本养老保险制度健康可持续发展，本章从价值体系建设、法制建设、政府责任建设、制度建设、管理体系建设五个方面不断完善该制度（如图5-1所示），实现其可持续发展。

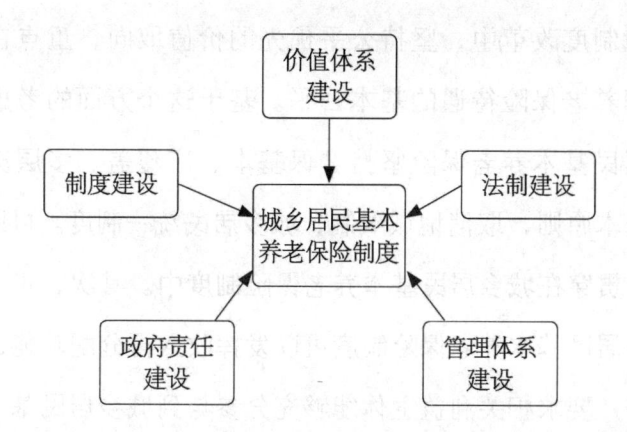

图5-1 构建实现城乡居民基本养老保险制度可持续发展的系统模式

5.1 价值体系建设

5.1.1 建立"公平、正义、共享"的核心价值理念

公平、正义、共享不但是社会保障制度的核心价值理念,也是城乡居民基本养老保险制度的核心价值理念。在这个核心价值理念的构建中,首先,公平的理念一是要求所有居民的养老保险权益都能得以实现,以维护起点公平;二是要求将群体之间、地区之间的养老保险待遇差距控制在合理的范围内,实现代际责任的公平分配,以促进结果公平。[①] 从目前的情况来看,在未来的

---

① 郑功成:《中国社会保障改革与发展战略——理念、目标与行动方案》,人民出版社,2008,第50页。

养老保障制度改革中，坚持公平优先的价值取向，重点在于城乡居民之间养老保险待遇的基本公平。基于这个方面的考虑，郑州市城乡居民基本养老保险坚持"保基本、广覆盖、多层次、可衔接"的基本原则，取消地域限制，城乡居民统一制度。可以看出，公平理念贯穿在城乡居民基本养老保险制度中。其次，正义的理念要求城乡居民基本养老保险制度可以发挥收入再分配功能，以实现分配公平；要求相关利益主体能够充分参与到城乡居民基本养老保险制度的监管过程中，以实现程序公平。再次，共享的理念不但要求居民之间养老保险待遇与经济增长合理挂钩，在提高养老保险待遇的同时，还要重视老年人的服务保障和精神慰藉，以实现老年人对经济社会发展成果的共享。最后，"公平、正义、共享"的理念应该作为城乡居民基本养老保障制度可持续发展的价值体系建设中重要的组成部分，任何政策措施都应该遵循这样的理念。

5.1.2 树立社会权意识

社会权是一国公民在法律上所具有的一种能力或资格，也是公民的基本权利和基本义务。由于参加城乡居民基本养老保险制度的人群大多数是农民和无固定工作的城镇居民，这些群体由于自身处于弱势，往往在权利意识上薄弱。如何让广大需要参保的人群，了解到自己应当受到保障的权利，这对实现城乡居民基本养老保险制度的可持续发展是必不可少的。本书所提出的社会权意识建立是在马歇尔的公民权利理论的基础上，社会权应当是人人依法享受社会保障的权利。首先应当将公民的社会权利法制化；其次，应该提高公民意识，了解到自己的社会权利。城乡居民基本养老保险制度的发展更需要提高居民的参保意识，真正从根本上解决自己的养老问题，使得自己能够"老有所养"，从而使得"全民养老"不再只是梦想。

5.2　法制建设

要实现城乡居民基本养老保险制度的可持续发展，必须以法律的形式加以承认、保护和实现，这也是由社会保障的本质、特点和法律的性质及特性决定的。在世界各国的社会保障发展史上，几乎都经历过城乡非均衡发展的历史阶段。西方发达国家的经验表明，从城乡非均衡发展到城乡均衡发展的过程，其实是整个国家经济资源向农业倾斜的过程，而这一过程都是依法进行的。借鉴国外农村养老保险制度建立的经验，政府是制度创立的倡导者与改革者，制度中的每一次调整和改革，都是立法先行，然后组织实施，这样不但可以做到有法可依，而且还能避免出现波折。如果没有较为完善的法律规范，制度建设不仅容易偏离轨道，而且缺乏强大的推动力。因此，建立完善的法律体系是推动城乡居民基本养老保险制度可持续发展的重要保障。

2010年10月28日第十一届全国人民代表大会常务委员会第

十七次会议通过,《中华人民共和国社会保险法》自2011年7月1日起施行,这是最高国家立法机关首次就社保制度进行立法。《社会保险法》有"基本大法"之称,是一部涉及养老、医疗、失业、工伤、生育五大险种,关乎每个公民的福祉保障的法律。有了这部法律,我国的社会保险制度真正可以踏上法制化的轨道,做到有法可依。因此,城乡居民基本养老保险制度也要做遵循这一原则,沿着法制建设的轨道出发,参照各试点地区已经颁布《××市城乡居民基本养老保险办法》的基础上,应该根据我国实际情况,推出一部完善的法律法规——《城乡居民基本养老保险法》,通过法律的约束力,保证城乡居民基本养老保障制度的顺利执行,这是实现城乡居民基本养老保险制度可持续发展的重要保证。

5.3 政府责任建设

5.3.1 明确政府主导地位,提高政府认识程度

政府是社会保障的责任主体,提供社会保障是现代政府的一项核心职能,并且在这一领域"政府的责任比通常所说的经济事务更为直接、也更为紧迫"。[①] 政府责任不仅体现为政府是城乡居

---

① T.H.马歇尔、安东尼、吉登斯等著,郭忠华、刘训练等编:《公民身份与社会阶级》,江苏人民出版社,2008,第115—116页。

民基本养老保险制度的设计者和组织者,也是它的筹资主体和供给主体。城乡居民基本养老保险制度覆盖城乡,离不开政府的责任。在这个制度中,如何使它能够更加健康和谐发展,对于政府地位的界定,是十分重要的问题,因为政府在推动城乡居民基本养老保险制度可持续发展中有着特定的角色并且占主导地位。

党的十七大明确提出,"加快建立覆盖城乡居民的社会保障体系,保障人民基本生活"。如何探索一个既能满足我国当前所需、又能适应将来经济发展的城乡居民基本养老保险制度,成为当前社会保障研究的一个重要课题。在已经开展的试点地区要重视其发展工作,在没有开展城乡居民基本养老保险制度的地区的各级政府更应该关注民生,切实认识到城乡居民基本养老保险制度是一项惠国惠民的政策。全民养老既是百姓的,也是我们党的一个美好愿望。各地政府应该在发展企业职工养老保险等养老保险的同时,也要高度关注城乡居民基本养老保险制度的工作进展,使得该制度能够均衡可持续发展。

5.3.2 政府责任的范围

政府在城乡居民基本养老保险制度可持续发展中起到重要的作用,其在建设中应该承担以下责任:第一,立法责任。通过国家立法规定城乡居民基本养老保险制度的被保障人的范围、缴纳费用的原则和标准、享受待遇条件及标准,也明确经办机构、参保人的权利和义务,做到有法可依。第二,制度安排责任。政府的首要责任就是从公共利益出发，提供有利于发展城乡居民基本养老保险制度的框架体系及配套措施。第三，组织管理责任。政府是城乡居民基本养老保险制度的组织和管理责任主体，要按照法制化、规范化和高效能的原则，建立必要的管理机构，整合资源，构建适合城乡居民基本养老保险制度的管理体系，提高管理绩效。第四，财力支持责任。由于农民、城镇无职业人群作为自雇者，往往参加养老保险时缺乏雇主缴费，政府有责任承担缴费补贴的义务，并且城乡居民基本养老保险制度的建立、运转、持续发展都需要政府的财力支持。第五，监管责任。在城乡居民基本养老保险制度上，政府不仅是管理者，也是监督者：一方面要强化对城乡居民基本养老保险制度监督机制的建设，重点是目标的落实、依法管理和基金运行情况；另一方面要不断提高对城乡居民基本养老保险制度的管理效能。

5.3.3 加大政府财政投入，为可持续发展奠定经济基础

资金是任何养老保险制度发展的物质基础，离开资金的养老保险制度只是空想。加大财政投入是建立城乡居民基本养老保险制度的根本保证，也是为其顺利实施提供的基本保证。就郑州而言，属于中部城市，经济状况在全国也属于中等水平，目前在郑州市开展的城乡居民基本养老保险制度已经得到了国内外专家学者的一致认可。笔者认为，目前我国已经具备了全民养老的条件，只要政府下定决心加大财政投入，全民养老指日可待。对于

城乡居民基本养老保险制度的探索与实施，必须加大政府的财政支持力度，优化财政支出结构，将新增财力优先用于民生支出，为城乡居民基本养老保险制度可持续发展奠定稳定的经济基础。

5.4 制度建设

5.4.1 统一制度建设

一个制度若想长久发展下去，必然要建立一个统一的制度体系。由于城乡居民基本养老保险制度刚刚开始起步，也仅仅在全国几个省、市开展试点工作，而且各试点地区在办法和实施细则方面也各有不同。没有一个统一的制度体系，严重阻碍了这个制度的可持续发展。在各试点地区试行成功的基础上，本书认为应当在全国建立一个统一的城乡居民基本养老保险制度，在这个制度中应当明确规范：第一，统一规范参保范围和对象；第二，基金来源和筹资标准；第三，缴费形式、缴费申报以及缴纳方式；第四，基本养老金的构成、政府补贴标准以及丧葬补助金标准；第五，居民享受待遇条件、待遇标准、待遇调整以及待遇发放；第六，城乡居民基本养老保险关系终止、转移；第七，基金管理和监督；第八，各级政府组织责任。

5.4.2 制度发展战略

统筹城乡基本养老保险制度的发展是城乡社会保障制度统筹发展的重中之重。它的发展并不是一气呵成的，往往需要数十年甚至数百年时间的运行和发展，才能使它更加完善。虽然目前一些发达国家实现了社会保障制度的城乡统筹，但其农村社会养老保险往往滞后于城镇30—50年，可见这需要经历一个十分漫长的过程。随着我国工业化和城市化水平的逐步提高，城乡居民基本养老保险制度当然也不可能一蹴而就。本书制定了实现该制度可持续发展三步走发展战略，使其分阶段、分步骤来延续可持续发展过程。

第一步（2011—2012年）：在试点成功经验的基础上，采用最满意的试点模式，本书认为应对郑州市城乡居民基本养老保险制度进一步完善，逐步在全国扩大试点，将更多农村未参保居民和城镇非从业者纳入该制度中。

第二步（2013—2020年）：为了建立一个打破户籍限制，以"一个制度，多档次缴费"为特征的城乡居民基本养老保险制度，在国民生产总值持续增加、财政收入稳步上升的基础上，在全国全面启动城乡居民基本养老保险制度。到2015年，城乡居民基本养老保险制度建立一个统一的制度体系，逐渐定型，走向成熟，与农村"五保户"制度衔接起来，与企业职工养老保险制度、机关事业单位养老保险制度、农村养老保险制度并驾齐驱，将全体国民都纳入养老保障制度体系。

第三步（2021—2050年）：从2021年起，扩大城乡居民基本养老保险制度覆盖面并提高其待遇水平，由劳动部门统一规划，统一向社会发行"居保卡"，打破地域界限，居民可以在不同地区、不同工作单位流动，转移衔接无障碍。21世纪中叶，我国也将进入人口老龄化高峰期，所以在我国已迈入中等发达国家行列的基础上，城乡居民基本养老保险将与农民养老保险制度合并成一个新型的城乡居民基本养老保险制度。在这个新型的制度中，没有城乡二元化分割，城镇和农村居民所缴纳费用以及享受待遇是一样的，享受的待遇可以满足居民年老后的日常生活，实现全国统筹，解决异地转移接续问题，让"全民养老"和"老有所养"不再只是梦想。

5.5 管理体系建设

科学完善的养老保险管理体系需要养老保险管理决策统一，养老保险的行政管理、业务管理和监督机构分开设立以及养老保险实行社会化和现代化管理。为了使得城乡居民基本养老保险可以健康可持续发展，必须建立科学完善的养老保险管理体系，应该包括以下几个方面：

5.5.1 经办机构建设

1. 建立统一城乡居民基本养老保险经办机构。统一的经办管理机构是城乡居民基本养老保险制度持续协调发展的组织保证。目前并没有真正意义上的城乡居民基本养老保险经办机构，大多数隶属于企业职工养老保险经办机构。统一的管理机构可以避免政出多门、多龙治水的混乱局面。必须要建立统一的经办管理机构，成立居保处（科），专门负责城乡居民基本养老保险的各项业务办理，从而有利于保证高效的管理水平。

2. 解决经办机构人员紧缺的问题。充分利用机构改革的契机，挖掘现有行政编制资源，扩大经办机构的人员编制。加强现有经办人员的管理，根据业务、科室目标考核管理需要，定人定岗，分解权责，明确目标，不断提高行政资源的使用率。要立足经办业务实际需要，考虑适当增大在编人员的数量，采取公开招聘的形式，招聘社保专业型人才，提高居保机构经办人员素质水平。对留用人员按照要求组织业务学习培训后，充实到居保政策允许、符合现实要求的工作岗位，完成相关经办工作。

3. 信息化办公，不断提升经办能力。随着参保人数逐年递增，居保经办机构自身压力日趋增大，如何实现信息化高效办公，不断提升经办能力是当前需要解决的问题。首先，为每位经办人员配备电脑，在系统内部建立信息化平台，设置局域网进行信息化办公，为了保证数据安全性，经办人员需持口令U顿才能登录系统内部。其次，应在劳动保障、财政、民政和银行之间建立起统一规范的信息管理系统，从而实现养老保险基金信息化管理，保证每一个参保者可以通过网络知道自己的参保信息。这不但有利于加强日常的各项基础工作，同时也能通过现代化手段提升经办机构的经办能力和管理水平。

5.5.2 监督体制建设

1. 建立相互合作的监管机制。以政府有关部门作为主体的行政监督必须得以加强，要不断完善相关的法律法规，做到有法可依、违法必究。随着城乡居民基本养老保险制度的不断发展，既要明确政府、劳动和社会保障部门、财政部门、金融机构的监督职能和职责，又要加强各部门之间的相互配合，同时也通过舆论监督和群众监督的方式，监督各部门的管理活动。我们要建立的是一个具有相互合作关系的监管机制，保证养老保险基金的安全。

2. 防冒领机制建设。如果在实际工作中发现参保对象死亡后有续领养老金现象，可以借鉴城镇职工养老保险中社会化管理方面的经验，各街道、乡、镇、行政村由经办机构进行监管，对于高龄老人，必须拿着当月的《社会保障报》或是期刊的照片，才能领取养老金。此外，还需要加强各部门联合，一是社保部门在规定工作日内设有专门人员与民政部通报一次死亡人员的基本信息，可以通过互联网，及时对参保居民进行调查，一经调查核实，立刻停发养老金。二是与公安机关联合追缴所冒领的养老金，对冒领养老金的人员依法惩治，杜绝这一现象的发生。

5.5.3 基金运行机制建设

养老保险基金的资金运行主要经历筹集、投资运营、给付这三个环节。要实现城乡居民基本养老保险制度的可持续发展，就需要建立一个可持续的基金运行机制，主要包括可持续的筹资机制、投资体制、给付机制以及监管体制。可持续筹资机制能确保养老保险基金来源的稳定性；可持续投资体制能确保养老保险基金收益的持续性；可持续给付机制能确保养老保险基金给付的平稳性，使个人在退休时期能获得适当的生活保障；可持续监管体制则能确保养老保险基金的良性运行。[1]在这四个机制良性运行中，才能保证城乡居民养老保险基金的安全、稳定、持续、协调发展。

5.5.4 信息管理体系建设

1. 加大信息化宣传力度，营造良好参保氛围。在信息化时代，关于居保政策的宣传也要体现信息化。在宣传方式方法上，应立足信息时代特点，大力改革宣传手段，试行新政策可以通过电视、广播、互联网、手机短信等现代化手段发布，宣传现行参加城乡居民基本养老保险的基本政策规定以及经办机构的具体经办流程，使广大群众全面掌握政策，了解经办流程，按照规定积极申报办理，切实全面提升城乡居民参保水平。同时，政策宣

---

[1] 余玲：《我国城镇基本养老保险的可持续性研究》，硕士学位论文，武汉科技大学，2008，第20页。

传、宣讲还应该充分考虑城乡差别、不同年龄段人群的理解差异，解读和宣讲力争做到通俗易懂，提升宣传效果，为城乡居民基本养老保险营造一个良好的参保氛围。

2. 建立个人电子档案，发放"居保卡"。目前许多地区还在使用参保手册，还未实行居保卡业务。本书建议为参保人建立个人电子档案，并且发放"居保卡"。这个"居保卡"不但包含参保人的姓名、年龄、性别等个人信息，还可以显示出领卡和参保的地点、参保的年限以及个人账户金额等信息。持卡人可以凭此卡来查询自己的缴费情况，办理相关业务，充分体现便民、利民。

3. 通过信息化解决转移接续难题。在网络信息技术日益发达的今天，利用目前先进的互联网技术，在全国范围建设城乡居民养老保险信息中心，可以将所有参加城乡居民基本养老保险的居民的信息记录在案，实现全国联网。有了这个信息中心，不但可以实现"钱随人走"，完成居民缴费、账户管理和待遇支付等事项，还能够解决转移接续的难题。当居民需要异地转移的时候，个人账户部分的资金也会随"居保卡"转移，如一个参保人在河南省领到"居保卡"并缴纳了两年的养老保险费，当他去北京生活或是工作的时候，只需要带着自己的"居保卡"到北京市居保经办机构进行登记注册，便可进行接续转接。通过这样一种方式，可以较好地实现城乡统筹、地区统筹和身份统筹，从而解决异地转移接续的难题。

第6章

结 论

在我国人口老龄化和城乡二元化结构的背景下，城乡居民基本养老保险制度的建立，标志着千百年来传统的家庭养老模式向政府主导的社会化养老模式转变，打破了城乡二元化界限，由城镇局部向城乡一体化转变，可以视为我国目前较为完善的第三块养老保险制度。该制度本着"保基本、广覆盖、可持续、易衔接"的原则，为那些游离于城乡养老保障边缘的弱势群体谋福祉，提供基本的生活保障。它是形成全体居民共享经济社会发展成果内在机制的重要载体，也是实现好、维护好、发展好广大居民切身利益的有效途径，对于缩小城乡差距、促进社会公平、维护社会稳定具有非常重要的现实意义和极其深远的历史意义。

要建立适合我国发展的城乡居民基本养老保险制度，不但是我国应对老龄化社会，完善社会养老保障体系的最终目标，也是本书的终极目标。就这个主题而言，本书在我国城乡居民基本养老保险制度试点工作步入正常轨道的时候，以郑州市为例，开展实证调查，在实证研究的基础之上，从城乡居民基本养老保险的制度层面来研究其可持续发展的问题，分析影响城乡居民基本养老保险制度可持续发展的障碍性因素，理清思路，归纳出问题的症结所在，提出建议来完善该制度，从而实现其可持续发展。综合本书的前五章而言，本章主要是总结本书的研究成果、分析研究的不足之处以及对未来研究的展望。

首先将本书的研究成果进行一个简单的汇总：

（1）明确地界定了城乡居民基本养老保险制度和其可持续发展的概念，用结构图说明它所覆盖的人群，让更多人对这个制度有一个清晰的认识和了解。

（2）总结了北京、郑州、嘉兴三个主要模式的特点和创新之处，并进行对比分析，借鉴它们在制度模式、缴费方式、补贴方式、制度衔接等方面的经验，可以更好地完善这个制度，从而在全国进行推广。

（3）将马歇尔的公民权利理论和"公平、正义、共享"的价值理念贯穿在文中，主要是呼吁那些还没有得到养老保险制度庇佑的群体，尤其是弱势群体，要重视自己的社会权利，提高参保意识，从根本上解决自己的养老问题。

（4）本书提出了从价值体系建设、法制建设、政府责任建设、制度建设、管理体系建设五个方面构建一个实现城乡居民基本养老保险制度可持续发展的系统模式，实现它的可持续发展。

（5）本书在城乡居民基本养老保险制度建设中提出，不但要按照制度统一、模式一致的目标在全国范围内进行推广，维护制度的统一性和完整性，不搞"碎片化"，而且还制定了实现该制度可持续发展三步走发展战略，分阶段、分步骤来延续它的可持续发展过程，体现制度的渐进性和可持续性。

由于时间和水平有限，本书也存在一定的不足之处，需要在以后的研究中进一步完善：

（1）本书主要是从制度层面上分析研究城乡居民基本养老保险制度的可持续发展，并没有在其他方面给予更深层次的分析，相对来说，涉及的范围较窄，缺乏全面性，这也需要在将来的研究中进一步深化这方面的内容，使得研究更加全面。

（2）由于城乡居民基本养老保险制度有着中国特色，题材也较为新颖，所以在这方面可供研究的成果较少，在查找资料方面具有一定的难度，因此本书还需要在理论研究和借鉴国外的研究成果等方面在以后的研究中进一步加强和完善，使得研究更有深度。

参考文献

[1] 郑功成.中国社会保障改革与发展战略——理念、目标与行动方案[M].北京：人民出版社，2008.

[2] 邓大松.社会保障理论与实践发展研究[M].北京：人民出版社，2007.

[3] 钱宁.现代社会福利思想[M].北京：高等教育出版社，2006.

[4] 杨伟民.社会政策导论[M].北京：中国人民大学出版社，2004.

[5] 林毓铭.社会保障可持续发展论纲[M].北京：华龄出版社，2005.

[6] 丛树海：建立健全社会保障管理体系问题研究，北京：经济科技出版社，2004.

[7] William Beveridge. Social Insurance and Allied Service. The Foundation of the Welfare State[M]. Edward Elgar Publishing Limited, 1942.

[8] T.H.马歇尔，安东尼，吉登斯等著,郭忠华，刘训练等编.公民身份与社会阶级[M].南京：江苏人民出版社，2008.

[9] 胡锦涛.加快推进社会保障体系建设[N].人民日报海外版，2009-5-24(5).

[10] 郑功成.农民工的权益与社会保障[J].中国党政干部论坛，

2002(8).

[11] 纪晓岚,唐雯涓,陈璐,刘畅.中国新型养老保险制度设计与对策研究.中国社会保障制度建设30年：回顾与前瞻学术研讨会论文集[C], 2008.

[12] 曹信邦.城乡养老社会保险制度一体化障碍性因素分析[J].理论探讨,2006(5)：103-105.

[13] 武建新.我国实行城乡一体化养老保险制度的可行性分析[J].消费导刊,2009(18):134-135.

[14] 岳宗福.城乡养老保险一体化的制度设计与路径选择[J].山东工商学院学报,2009(3):63-68.

[15] 封铁英,刘芳,段兴民.城乡社会养老保险政策地区差异评析[J].中国人力资源开发,2008(4):74-77.

[16] 夏育文.郑州探路城乡一体化养老[J].中国社会保障,2009(9):10-11.

[17] 何子英,郁建兴.城乡居民社会养老保险体系建设中的政府责任——基于浙江省德清县的研究[J].浙江社会科学, 2010(3):72.

[18] 戴卫东.统筹城乡基本养老保险制度的十个关键问题[J].现代经济探讨, 2009(07).

[19] 张凤仪.论城乡居民养老保险的逐步统筹实施——以安徽省芜湖市为例[J].经济视角(下),2010(07):53-55.

[20] 崔力夫.统筹城乡养老保险制度的考察报告[J].劳动保障世界,2009(5).

[21] 米红,杨翠迎.嘉兴城乡居民养老保险的制度创新[J].中国社会

保障，2008(1):14-15.

[22] "全民养老"知易行难[J]. 决策探索（上半月），2008(09).

[23] 周志凯. 试论养老保险制度的可持续发展[J]. 理论月刊，2005(6):143-147.

[24] 代丽丽.城乡居民养老保险实现五统一[N].北京日报，2009-1-6(5).

[25] 鲁开垠，陈先锋.建立我国可持续发展养老保障问题探讨[J].南方经济，2005(9).

[26] 邱长溶,张立光,郭妍,中国可持续社会养老保险的综合评价体系和实证分析[J].中国人口资源与环境，2004(03).

[27] 杜雯.我国城乡统筹利益协调的制度创新研究[D/OL].成都：电子科技大学,2008.

[28] 余玲.我国城镇基本养老保险的可持续性研究[D/OL].武汉：武汉科技大学，2008.

[29] John A Turner.Social Security Development and Reform in Asia and Pacific[J].Discussion Paper，2002.

[30] 郑州市劳动和社会保障局.关于建立城乡居民基本养老保险制度工作进展情况的汇报及方案说明.2008.

[31] 郑州市人力资源和社会保障局.2008年度郑州市社会保险信息披露公告.郑劳社〔2009〕36号.

[32] 郑州市人力资源和社会保障局.2009年度郑州市社会保险信息披露公告.郑人社〔2010〕215号.

[33] 北京市人民政府.北京市城乡居民养老保险办法.2008.

[34] 河南省郑州市人民政府.郑州市城乡居民基本养老保险办法.2010.

[35] 浙江省嘉兴市人民政府.嘉兴市城乡居民社会养老保险办法.2009.

附 录
郑州市城乡居民基本养老保险调查问卷

问卷编号：_____　　调查地点：郑州市_____区_____　　调查时间：_____

先生/女士：

您好！为了解目前郑州市城乡居民基本养老保险的现状，准确把握其实施状况及其运作中所出现的问题，进一步推动和完善现行城乡居民基本养老保险制度，我们特进行该项调查。对于您的回答，我们将按照《统计法》的规定，严格保密，并且只用于统计分析，请您不要有任何顾虑。衷心感谢您的合作！

一、基本情况

1. 您的年龄：

   A.16—30岁　B.30—50岁　C.50—60岁

   D.60—70岁　E.70—80岁　F.80岁以上

2. 您的性别：A.男　B.女

3. 您的文化程度：

   A.小学及以下　B.初中　C.中专或高中

D.大专　E.本科及本科以上

4. 您的职业：_____

5. 您的月平均收入是多少？

　　A.没有收入来源　B.100元—300元　C.300元—500元

　　D.500元—1000元　E.1000元—2000元　F.2000元以上

6. 您的主要收入来源渠道是：

　　A.纯农业收入　B.打工收入

　　C.自己做生意　D.政府补贴　E.其他_____

7. 您的家庭人口有_____人，有_____子女，家庭中60岁以上的有_____人。

8. 您希望将来养老的方式是：

　　A.依靠子女　B.依靠自身积蓄　C.依靠养老金

　　D.依靠政府或集体补贴　E.其他_____

二、参保情况和意愿

1. 您是否参加了城乡居民养老保险？

　　A.是（请回答3题）　B.否（请回答第2题）

2. 如果您或是家中老人没有参加任何形式养老保险，您会为自己和家中老人参加城乡居民养老保险吗？

　　A.会　B.不会（请回答第4题）

3. 您参加城乡居民养老保险的原因：

　　A.年老之后生活能有保障

B.亲戚朋友的建议　C.有财政补贴

D.为了家中60岁以上的老人，选择捆绑缴费　E.其他＿＿＿

4. 您没有参加的原因是：

A.生活困难，无法支付最低参保金额

B.不知道有这项保险

C.自身有足够的资金积累可以安享晚年

D.打算依靠子女赡养

E.其他＿＿＿

5. 如果子女无须参保缴费，您家中老人年满60岁就可以按月领取养老金，您是否愿意参加城乡居民养老保险？

A.愿意　B.不愿意

6. 您是否自愿参加城乡居民养老保险吗？

A.是　B.否

三、认知度

1. 您是通过什么渠道知道的城乡居民养老保险？

A.社区或村委会宣传　B.亲戚朋友介绍

C.报纸、电视、互联网等大众传媒　D.其他＿＿＿

2. 您是否清楚了解城乡居民养老保险的政策？

A.非常清楚　B.清楚　C.一般

D.不清楚　E.非常不清楚

3. 您对城乡居民养老保险制度所了解的信息有：

A.缴费标准　　B.缴费年限　　C.待遇发放标准和方法

D.政府给予的缴费补贴　　E.经办机构

4. 您选择的投保档次（即参保人每年缴纳的养老金额）是：

A.100元　B.200元　C.300元　D.400元　E.500元　F.700元

G.900元　H.1000元　I.1200元　J.1500元　K.达龄不缴费

5. 您选择投保档次时，首要考虑因素是：

A.日后每月发放的养老金额　　B.自身的经济状况

C.政府或村委所给予补贴标准　　D.家人意见　E.其他＿＿＿

6. 您是否清楚您以后每月可以享受的养老金金额？

A.是（回答第7题）　　B.否

7. 您每月应该享受多少元的养老金？

A.60元—70元　B.70元—80元　C.80元—90元　D.90元—100元

E.100元—110元　F.110元—120元　G.120元以上

四、满意度

1. 您对居委会或村委会对城乡居民养老保险政策宣传和讲解工作满意吗？

A.非常满意　B.满意　　C.一般

D.不满意　　E.非常不满意

2. 您对本地区发放的基础养老金标准（郑州市每人每月65元）满意吗？

A.非常满意　　B.满意　　C.一般

D.不满意（回答第3题） E.非常不满意（回答第3题）

3. 如果不满意，您认为应该达到＿＿＿＿元？

 A.70元—100元 B.100元—150元

 C.150元—200元 D.200元—300元 E.300元以上

4. 您对政府（郑州市）每年给予60元的缴费补贴满意吗？

 A.非常满意 B.满意 C.一般

 D.不满意（回答第5题） E.非常不满意（回答第5题）

5. 如果不满意，您认为应该达到＿＿＿＿元？

 A.60元—100元 B.100元—150元

 C.150元—200元 D.200元—300元 E.300元以上

6. 您是否满意对于70周岁以上的高龄老人，政府按月发放20元—50元补贴？

 A.是 B.否（回答7题）

7. 如果不满意，您认为应该给予＿＿＿＿元的补贴？

 A.30元—60元 B.60元—100元 C.100元—150元

 D.150元—200元 E.200元以上

8. 您对以后每月所能享受的养老金金额满意吗？

 A.非常满意 B.满意 C.一般 D.不满意 E.非常不满意

9. 您认为每月应领取多少养老金金额才能满足您的日常生活需求？

 A.100元以下 B.100元—300元 C.300元—500元

 D.500元—1000元 E.1000元以上

五、实施情况

1. 您所在的区域是否成立城乡居民基本养老保险经办机构？

   A.是　B.否　C.不清楚

2. 您所属的社区或村委会是否利用公告、广播或是发放小册子等形式宣传城乡居民养老保险的政策？

   A.是　B.否　C.不清楚

3. 村（居）民委员是否有专人负责本辖区参加城乡居民基本养老保险的个人办理参保登记、缴费申报、待遇享受等手续？

   A.是　B.否　C.不清楚

4. 您认为参保办理手续是否烦琐？

   A.是　B.否　C.不清楚

5. 在您参保后，您是否能及时从经办机构了解实际参保情况？

   A.是　B.否

6. 您是否能够按时领取养老金和政府补贴？

   A.是　B.否　C.不清楚

7. 您对城乡居民基本养老保险制度有哪些建议和要求？

   _____